山口大学大学院東アジア研究科　東アジア研究叢書❷

# 教育における
# グローバル化と
# 伝統文化

国立大学法人山口大学大学院東アジア研究科　編著
福田隆眞・石井由理　編集責任

建帛社
KENPAKUSHA

## はじめに

　このたび，山口大学大学院東アジア研究科東アジア研究叢書第2巻を発行することになりました。東アジア研究叢書は2012年7月に第1巻『東アジアの格差社会』を出版しました。このたびの第2巻は『教育におけるグローバル化と伝統文化』と題して，国際化の中でのアジアの国や地域の伝統文化の教育について14本の論文で構成されています。

　山口大学大学院東アジア研究科は2001年4月に開設された博士課程のみの研究科です。現在では「アジア比較文化コース」「アジア経済・経営・法律コース」「アジア教育開発コース」「アジア公共管理コース」の4つのコースがあり，教員約40名，学生数約45名が研究と教育に携わっています。学生は，日本はもとより，中国，台湾，韓国，インドネシア，マレーシア，バングラデシュ，メキシコ，ベトナム，ネパール，トルコ，ウクライナから入学し，広くアジアにおける人文社会科学の現代的問題について研究を進めています。

　また，隔年で東アジア国際学術フォーラムを開催しており，直近では2012年に「教育におけるグローバル化と伝統文化」をテーマに開催しました。本書はこのフォーラムが基盤となっています。本書はフォーラムのスピーカーに加えて，何慧中氏（中国），北海道教育大学の佐々木宰氏，山口市立阿知須中学校教員の阿川祥子氏，山口市教育委員会の足立直之氏，本学教育学部の教員によって論文執筆を行いました。伝統文化の具体的な分野としては，言語，歴史，美術，音楽，国際理解教育を採りあげ，日本，台湾，中国，シンガポール，マレーシアを対象国・地域としました。

　本書の基礎となった国際学術フォーラムの開催については，山口大学教育研究後援財団，山口大学教育学部，同人文学部，同経済学部等から支援をいただきました。ここに厚く御礼申し上げます。また，今後も東アジア研究科では研究成果の公表として研究叢書の発刊を続けていく次第です。皆様方のご教示とご協力をお願いいたします。

　2014年2月

　　　　　　　　　　　　山口大学大学院東アジア研究科　　福田隆眞

# 目　　次

## 第1章　グローバル化時代の国際理解と伝統文化
............................................ 石井由理 ......1

　　はじめに　*1*
　1．自国文化の尊重と国際理解の学校教育への導入　*2*
　2．自国文化の尊重と国際理解のその後の変遷　*3*
　3．グローバル化時代の国際理解と伝統文化　*5*
　4．UNESCOの国際理解教育；戦争予防のための文化の多様性尊重　*6*
　5．国際理解教育の地球化　*7*
　6．人権としての文化の多様性尊重　*8*
　7．人類の共有財産としての文化の多様性　*9*
　8．ESDによる文化と自然の一体化　*10*
　9．国家と地球，二つの次元での普遍化，多元主義，インターカルチュラリズム　*11*
　10．グローバル化時代の「伝統と文化の尊重」　*13*

## 第2章　グローバル化，文化的継承，そして教育；中国の苦闘と体験
............................................ 羅　永華 ......*16*

　　はじめに　*16*
　1．グローバル化，文化的継承，および教育　*17*
　2．帝政時代の中国における儒教教育の支配　*18*
　3．清朝末期（19世紀-1911年）；補足的アプローチ　*19*
　4．中華民国（1912-1949年）；統合的アプローチ　*19*
　5．中華人民共和国（1949年以降）；二つの異なるアプローチ　*21*
　6．毛の中国（1949-1976年）；置換アプローチ　*21*
　7．1976年以降のポスト毛時代の中国；実利実用主義アプローチ　*22*
　　結　　論　*25*

## 第3章　文法ルールの言語教育
............................................ 有元光彦 ......*28*

　　はじめに　*28*
　1．本稿での姿勢　*29*
　2．先行研究　*30*

目　次

　　3．教材開発　*33*
　　4．まとめ　*37*
　　5．展　開　*39*

## 第4章　東アジア伝統社会論と近世日本
　　　　　　　　　　　　　　　　　　森下　徹　……*45*
　　1．日本の「伝統社会」　*45*
　　2．東アジア「近世」論　*47*
　　3．中学歴史教科書での近世社会像　*50*
　　4．日本「伝統社会」の特質；武士の性格をめぐって　*53*

## 第5章　「伝統や文化」の教育における論点と実践課題；小学校社会科教育の題材から　　吉川幸男　……*61*
　　1．「伝統や文化」の教育をめぐる問題の所在　*61*
　　2．教育政策の動きと教育実践的課題　*63*
　　3．小学校社会科における「伝統や文化」教育実践の二極化　*65*
　　4．「伝統や文化」の教育における二層的な目標設定　*69*
　　5．「伝統や文化」の教育をめぐる論点構造　*71*
　　6．「伝統や文化」の教育への実践課題　*74*

## 第6章　「美感と創新」；藝術教育の過去，現在と未来
　　　　　　　　　　　　　　　　　　林　曼麗　……*77*

## 第7章　韓国の学校教育におけるグローバル化と伝統文化教育
　　　　　　　　　　　　　　　　　　金　香美　……*84*
　　はじめに　*84*
　　1．グローバル化教育の意味と内容　*84*
　　2．韓国の社会文化的特徴とグローバル化の動向　*85*
　　3．韓国の「教育課程」におけるグローバル化と伝統文化教育　*88*
　　4．芸術教育における伝統文化教育；美術教育を中心に　*90*
　　おわりに　*96*

## 第8章　マレーシアの美術教育にみられる伝統文化と視覚言語
　　　　　　　　　　　　　　　　　　福田隆眞　……*97*
　　はじめに　*97*

## 目　　次

　　1．マレーシアの歴史と現在　*97*
　　2．マレーシアの教育史概略　*100*
　　3．美術教育課程と視覚言語　*103*
　　まとめ　*112*

## 第9章　シンガポールの美術教育における伝統文化と現代化
　　　　　　　　　　………………………………… 佐々木宰　… *115*
　　はじめに　*115*
　　1．多民族・多文化国家シンガポールの教育　*115*
　　2．シンガポールの教育改革と美術教育の変容　*118*
　　3．1990年代の美術教科書の題材にみる伝統的な民族文化　*121*
　　4．現行の美術教科書にみる伝統的な民族文化　*124*
　　5．美術教育の現代化と新時代の芸術文化政策　*127*

## 第10章　美術教育における日本の伝統文化に関する指導の一事例
　　　　　　　　　　………………………………… 足立直之　… *133*
　　1．日本の小中学校の学習指導要領（図画工作・美術科）における
　　　伝統文化　*133*
　　2．中学校「美術科」における教材と指導方法の一事例　*136*
　　おわりに　*144*

## 第11章　グローバル化と伝統文化；シンガポールの
　　　　　音楽教育に関する視点　………… チーフー・ラム　… *146*
　　1．舞台の設定　*146*
　　2．我々は何者か？　*148*
　　3．シンガポール音楽教育における文化的アイデンティティー　*151*
　　4．可能なパラダイム　*154*

## 第12章　台湾と中国本土の学校音楽教育における大衆歌曲の
　　　　　活用に関する比較研究　………………　何　慧中　… *158*
　　はじめに　*158*
　　1．台湾と中国本土の教育の社会的変化　*159*
　　2．大衆音楽教育を通したナショナリズムの伝達　*162*
　　3．学校音楽教育における伝統的な中国の価値と社会的調和の伝達　*164*
　　結　論　*165*

## 目　次

**第13章　音楽科教育と文明受容型国際化；三期の歴史的視座からの検討を中心に** …………………………… 髙橋雅子 … *170*

　1．黎明期（第一次国際化）；西洋音楽を受容した音楽科授業の開始　*171*
　2．発展期（第二次国際化）；戦後の新しい教育の確立　*173*
　3．充実期（第三次国際化）；ユネスコ勧告を受けて　*175*
　4．発声用語の変遷にみる音楽科教育の国際化　*180*
　5．今後の課題　*187*

**第14章　日本伝統音楽の魅力を探る；歌舞伎「勧進帳」の鑑賞** ………………………………… 阿川祥子 … *189*

　はじめに　*189*
　1．授業までの経緯　*189*
　2．音楽の授業を通してめざす生徒の姿　*189*
　3．授業の流れ　*191*
　おわりに　*196*

# 第1章 グローバル化時代の国際理解と伝統文化

石井由理

## はじめに

　教育基本法が，2006年に改正された。教育の目標を記したその第2条5号には，「伝統と文化を尊重し，それらをはぐくんできた我が国と郷土を愛するとともに，他国を尊重し，国際社会の平和と発展に寄与する態度を養うこと」（文部科学省，2013）と述べられている。2006年にはこれに従って学校教育法も改訂され，その第2章21条に「我が国と郷土の現状と歴史について，正しい理解に導き，伝統と文化を尊重し，それらをはぐくんできた我が国と郷土を愛する態度を養うとともに，進んで外国の文化の理解を通じて，他国を尊重し，国際社会の平和と発展に寄与する態度を養うこと。」（日本政府情報ポータルサイト，2013）と記された。

　中央教育審議会による学習指導要領の改訂作業においても，この項目への対応がみられる。その改善点を説明した2008年の中央教育審議会答申「幼稚園，小学校，中学校，高等学校及び特別支援学校の学習指導要領等の改善について」（中央教育審議会，2008）では，次のように述べている。

> 平成18年12月に約60年ぶりに改正された教育基本法において新たに教育の目標等が規定された。同法第2条は，知・徳・体の調和のとれた発達（第1号）を基本としつつ，個人の自立（第2号），他者や社会との関係（第3号），自然や環境との関係（第4号），日本の伝統や文化を基盤として国際社会を生きる日本人（第5号），という観点から具体的な教育の目標を定めた。
> 
> （中央教育審議会，2008：10）

　そして，この改訂で充実すべき重要事項の3つめとして，伝統や文化に関する教育の充実をあげ，「グローバル化の中で，自分とは異なる文化や歴史に立脚する人々との共存のため，自らの国や地域の伝統や文化についての理解を深め，尊重する態度を身につけることが重要になっている」（同上：52）としている。

## 第1章 グローバル化時代の国際理解と伝統文化

　この中央教育審議会答申による学習指導要領改善の説明と教育基本法の内容を見比べてみると，改善についての説明は，教育基本法がこの項目で述べたことの前半部分に焦点を当てていることに気づく。教育基本法の方では，「伝統と文化を尊重し，それらをはぐくんできた我が国と郷土を愛する」ことを掲げつつ，それと同時に，他国の尊重と国際社会の平和と発展への寄与ということも述べられている。

　本稿では，なぜ今回の学習指導要領改訂で「自らの国や地域の伝統や文化についての理解を深め，尊重する態度」に焦点が当てられたのかを，国際理解教育およびグローバル化との関連から考えていきたいと思う。はじめに，これら2つの要素が戦後の日本の学校教育政策に併記されるようになった原点である，1958年の学習指導要領改訂と，これら2つの要素をめぐる，その後の教育課程政策の変遷について述べる。次に，1990年代以降，盛んに言われるようになった「グローバル化」について，それがいったい何を指すものかを考察したのち，多様な文化の共存と自文化の維持の関係を，UNESCOを中心とした国際社会における認識およびアメリカ合衆国の事例から述べる。最後に，文化のグローバル化現象の中で，学校教育に与えられた新たな挑戦について論じる。

## 1．自国文化の尊重と国際理解の学校教育への導入

　1958年の学習指導要領改訂は，戦後1952年4月まで連合国軍総司令部の監督下におかれ，アメリカの影響のもとに学校教育改革を行ってきた日本が，独立回復後に初めて独自に行った，学校教育全体を対象とした本格的な教育課程の改訂である。その過程では，道徳を教科として導入するか否かということが議論となった。

　親孝行や愛国心などの日本的道徳観を教科に入れたい文部大臣側と，教科化に慎重な教育課程審議会側との数度にわたる諮問・答申の応酬の結果（山崎，1986：33；宗像，1977：43），1958年に道徳の時間が領域として小中学校の教育課程に導入されることになったのであるが，その内容には，自国を愛する教育と同時に，国際理解を推進するということも含められていた（宗

像，1977：23)。中学校の道徳の学習指導要領には，以下のように明確に説明されている。

　　国民としての自覚を高めるとともに，国際理解，人類愛の精神をつちかっていこう。われわれが国民として国土や同胞に親しみを感じ，文化的伝統を敬愛するのは自然の情である。この心情を正しく育成し，よりよい国家の建設に努めよう。
　　しかし，愛国心は往々にして民族的偏見や排他的感情に連なりやすいものであることを考えて，これを戒めよう。そして，世界の他の国々や民族文化を正しく理解し，人類愛の精神をつちかいながら，お互いに特色ある文化を創造して，国際社会の一員として誇ることのできる存在となろう。
　　　　　　　　　　　　　　　　　　　　　　　　(明治図書出版，1967：273)

このように，自国・自文化を愛する態度と他国・他民族の文化の理解を並べて記すというのは，修身の復活を危惧していた教科化反対派にとっては，予想外の結果だったようである（宗像,1977：23)。しかし，当時の文部省が，1951年にようやく加盟することができたUNESCOの国内委員会を抱え，その理念を忠実に実行しようとしていたことを考えれば，他文化理解が加わったことは，納得がいく結果であったともいえる。また，UNESCOは，その理念の実現に向けて，1947年から国際理解教育を開始し，1953年からは協同学校計画を発足させて学校における実験活動に入ったが，この計画にも，日本からは当初から6校が参加している（日本ユネスコ国内委員会，1982；永井，1989)。

こうして，国際社会への本格的な復帰の時期において，日本の学校教育課程の中では，ようやく独立を取り戻した日本が，その教育の独自性を回復するための自国の伝統・文化を敬愛する態度の育成と，平和な国際社会の実現を目指すUNESCOの理念を反映した国際理解の両方が，いわば一つのコインの表裏のような関係をもって導入されることとなったのである。

# 2．自国文化の尊重と国際理解のその後の変遷

　1960年代まで活発に行われていたUNESCO協同学校計画による国際理解教育は，1970年代後半には様々な理由によって停滞し，国際理解教育ということばが再び教育関係者の間で頻繁に用いられるようになるのは，1980年代

## 第1章　グローバル化時代の国際理解と伝統文化

半ばの臨時教育審議会による教育改革で「教育の国際化」がキーワードとなってからのことである。

この教育改革においては，世界の相互依存関係の高まりが認識されたが，そこでは相互依存関係そのものよりも，相互依存関係の中でいかに日本の存在感を示すかということが中心課題であった（Ishii, 2003：68）。佐藤（2000：30）のことばを借りるならば，「国際的な日本人というナショナル・アイデンティティー」作りであり，日本の文化や伝統を尊重する態度を持ちつつ，外国語能力や外国の文化および伝統に対する理解と尊重の精神を身につけ，国際社会において活躍できる日本人を育成することが求められた。しかし，現実には，学校現場において外国語教育が充実することもなく，他国文化理解の実践の保障もなく，比較的実践しやすい，日本の文化や伝統を学ぶ「ふるさと学習」などにとどまりがちであった。この頃の自国伝統・文化理解と国際社会への貢献のつながりは，自国のことを理解し，尊重できてこそ初めて他国のことを尊重できるという，同心円の中心に自国を据えて，そこをスタート地点とするものであったが，教科のように内容が定められていて，どこかの段階で必ず同心円の外側に進まなくてはならないということもなかったため，いつまでも同心円の最も内側の円にとどまっていることもあり得たのである。

1996年の中央教育審議会答申では，国際理解教育が何を目指すのかが，よりはっきりと示された。「教育の国際化」を取り上げた項目では，異なる文化をもった人々と共に生きる能力，日本人としてのアイデンティティーの確立，外国語によるコミュニケーション能力の，三つの点について，より具体的な説明を行っているが，その中で，文化に優劣をつけずに違いを違いとして認める態度の育成を掲げている。また，この答申では，「生きる力」が掲げられたが，その概念の説明の中に，後述する UNESCO の「平和・人権・民主主義のための教育」や「文化の多様性に関するユネスコ世界宣言」との共通点も見出すことができる。例えば，同説明は，変化の激しい今日の社会においては「価値ある新しいものを生み出す創造性」が求められるとし，個性尊重を唱え，よって他者との共生，異質なものへの寛容も必要であるとし

ている（中央教育審議会，1996）。また，「過去から連綿として受け継がれてきた我が国の文化や伝統を尊重する態度を育成していくことが，これまでにも増して重要になってくると考えられる。」（同上）と述べ，日本の文化の中でも，世代を越えて長く継承してきたものに対する尊重を強調している。

このように，1996年答申では，1958年の学習指導要領から続く，日本の伝統・文化の尊重と外国の文化の理解と尊重を継承しつつ，異質なものに対する寛容や，他文化との共生など，国家間に限定されない文化間相互理解の概念や，新しい価値を創造し続けていく必要性などの視点も見出すことができるのである。

## 3．グローバル化時代の国際理解と伝統文化

1996年答申から12年を経た2008年の学習指導要領の改善点の説明では，なぜ「自らの国や地域の伝統や文化」を理解し尊重することに特に焦点を当てたのだろうか。「自らの国や地域の伝統や文化についての理解を深め，尊重する態度を身につける」のは，「グローバル化の中で，自分とは異なる文化や歴史に立脚する人々との共存のため」であるとしているが，そもそもグローバル化とは，どのようなことであろうか。まずこの点を明らかにするために，以下に文化のグローバル化をめぐる議論を要約する。

「グローバル化」とは，FeatherstoneとLash（1997）によれば，1990年代はじめから科学に登場してきた，たいへん影響力のある知的枠組みであるが，グローバル化がいつから始まったのか，またそれは文化にどのような影響を及ぼすのかに関しては，解釈は様々である。一方では，グローバル化というのは近代の結果であり（Giddens. Featherstone & Lash, 1997：3の中で引用），情報技術や交通網の発達によって，世界中で情報，人，物の行き来が激しくなる中で，ローカルな文化は次第に最も影響力のある文化，つまり西洋近代文化に収斂していくという，文化の均一化，いわゆる文化のマクドナルド化の可能性が指摘されている。また，他方では，濃密化する相互接触の中で，自己と他者との境界を明確にすべく，独自性，ローカリズム，差異を再発見しようという，ローカル文化の反動が高まるとも言われている

(Featherstone, 1997)。しかし，Robertson（1997）からみれば，正式な組織による先導の有無にかかわらず，このようなよく似たナショナリズムが世界中で起きていることこそ，まさにグローバル化であるという。さらに，グローバル化とは，全ての文化が一つの文化に収斂していく普遍化でも，多くが併存する多文化主義でもなく，異なる慣習が交わって新しい慣習が生まれるインターカルチュラリズムを伴うハイブリッド化であるとする研究者もいる（Pieterse, 1997）。

　上記に照らして考えると，グローバル化の中だからこそ自らの国や地域の伝統や文化についての理解を深め，尊重する教育が必要であるとする，2008年の学習指導要領の立場は，他者との濃密な相互接触の中で自己の独自性を明確にしようという，ナショナリズムの高まりに当てはまるのであろう。そしてそのような動きが，日本だけでなく，世界各地でグローバルに起きているわけである。

　では，「自分とは異なる文化や歴史に立脚する人々との共存」と「自らの国や地域の伝統や文化についての理解を深め，尊重する」教育との関係はどのように説明できるであろうか。先述の1958年の学習指導要領では，自らの文化・伝統を敬愛するのは自然の情であるが，その行き過ぎは戒められるべきものであり，国際社会の一員となるには，他国・他民族の文化を理解し，互いに特色ある文化を創造することが必要であるとしていた。つまり，異なる文化を持つ人々との共存に必要なのは，自らの文化の尊重よりもむしろ，他の人たちの文化の理解であり，相互尊重だということである。自文化の尊重が異なる文化をもつ他者との共存につながるには，もうワンステップ，説明が必要である。この説明を求めて，グローバルな組織として世界の教育を先導してきた UNESCO の掲げる価値の変遷を，国際理解教育を中心として追ってみたい。

## 4．UNESCO の国際理解教育；
## 　　戦争予防のための文化の多様性尊重

　UNESCO の国際理解教育は，時代に応じてその名称および概念を変化さ

せてきたが，本稿では便宜上，この種の教育として学校教育現場でなじみのあるこの名称を用いて，以下にその変化のプロセスを述べていく。

　国際理解教育は，UNESCO憲章にある「相互の風習と生活を知らないことは，人類の歴史を通じて世界の諸人民の間に疑惑と不信を起こした共通の原因であり，この疑惑と不信のために，諸人民の不一致があまりにもしばしば戦争となった」（「国際連合教育科学文化機関憲章」，1998：124）という認識のもと，「Education for International Understanding（国際理解のための教育）」の名称をもって1947年に誕生した。人権と民主主義の尊重を人類の普遍的価値であるとし，異なる文化間の相互理解と国家間の協力によって，この価値に基づく平和の実現を目指す教育である。つまり当初の国際理解教育における文化の多様性とは，その違いゆえに誤解と不信を生み，人権や平和を脅かす可能性のあるものであり，よって相互理解が必要であると考えられたのであった。1958年の学習指導要領はまさにこの考え方に根差すものである。

## 5．国際理解教育の地球化

　1960年代には，新しく独立したアフリカ諸国のUNESCOへの加盟が相次いだ。加盟国の面からいえば，UNESCOはこれでようやくグローバルな組織になったことになる。1974年には，その新たな加盟国の意思をも反映し，国際理解教育を再定義した「国際理解，国際協力および国際平和のための教育ならびに平和と基本的自由に関する教育勧告」（国際教育勧告）が総会で採択された。

　この勧告は，従来から推進していた多様な文化に対する理解と尊重，人権の尊重，国際協力に加え，グローバルな視野，グローバルな相互依存関係の増大の自覚，相互に負うべき義務の自覚，コミュニケーション能力，世界の諸問題の解決への参加の用意などを，その指導原則に含めた。取り扱うべき諸問題としてあげられたのは，諸人民の権利の平等，平和の維持，人権遵守，発展途上国の開発，天然資源と環境汚染，文化遺産の保存などである（「国際理解，国際協力および国際平和のための教育ならびに平和と基本的自由に関する教育勧告」，1998：190-200）。

天然資源と環境汚染の問題が着目されたのは，国境を越えた公害問題や，石油危機などのためである。また，文化遺産の保存があげられた背景には，水底に沈もうとしていたエジプトのアブシンベル神殿を，UNESCO をはじめとした国際チームの働きで守ったことがある。これらはいずれも，環境や文化遺産の維持は一国だけの問題ではなく，地球全体で協力すべきものであるという認識を示したものであった。さらには，学習者に対して，様々な問題を知識として理解するだけでなく，問題解決に向けて参加する用意を求めた点において，未来志向の教育という要素も入ってきた。空間として地球全体を視野に入れただけでなく，時間軸においても，過去，現在，未来を一つのつながりとしてとらえる世界観が出てきたのである。永井（1989）の言う，国際理解教育の地球化である。

## 6．人権としての文化の多様性尊重

1990年代前半は，ユーゴスラヴィアやソ連の崩壊，ルワンダの内戦，EU の誕生など，国家とは何かを問うできごとが多数あった。このような時代に，UNESCO は，1995年からの「人権教育のための国連の10年」に合わせ，「平和・人権・民主主義のための教育」をスタートさせた。

1974年の国際教育勧告で，既に国際理解教育の内容は多様化し，文化間相互理解はいくつかある目標の中の一つとなっていたが，さらに「平和・人権・民主主義のための教育」では，その名称から「国際」の文字が消えることになる。名称からの「国際」の消滅の理由は，1994年の「平和・人権・民主主義のための教育・宣言」にある，「教育政策は，個人間の，また民族的，社会的，文化的，宗教的集団間及び主権国家間の相互理解と連帯と涵養の精神の発展に貢献しなければならない」(「平和・人権・民主主義のための教育・宣言」，1998：449）ということばに明確に現われている。つまり，異なる集団同士の相互理解の必要性は，もはや国家間のみに限定されるものではなく，個人単位にまで及ぶということである。同様に1995年の同教育の「総合的行動要綱」においても，「一国の中においてさえも異なる歴史的背景，文化的伝統，発展段階を考慮して」「社会の中の異なる集団間の理解」(「平和・人権・民主

主義教育に関する総合的行動要綱」，1998：475；478）という記述がみられ，一つの国の中における多様性が意識されていることがわかる。

　こうして，国の伝統・文化としてマジョリティーの伝統・文化のみを取り上げ，国家間の相互理解を目指していればよかった時代とは異なり，国の中に存在する複数の伝統・文化に対する配慮が求められるようになった。一つの国家の中の伝統・文化は一つではなく，また，異なる伝統・文化をもつ集団間の相互理解が必要なのも国家間に限られたことではなく，国内の多様な集団間においても重要なのだということが認識されたのである。

# 7．人類の共有財産としての文化の多様性

　文化の多様性に対する認識は，1995年の国連「文化と開発に関する世界委員会」報告書 *Our Creative Diversity*（人類の創造的多様性）や，2001年のUNESCO *Universal Declaration on Cultural Diversity*（文化の多様性に関するユネスコ世界宣言）によって，さらに進化を遂げる。これらの報告書と宣言では，平和のための相互理解や国内外の多様な集団の権利を守るための文化の多様性の尊重という点以外に，人類全体がその恩恵に浴するための，人類共通の財産としての多様な文化の維持という観点が主張されている（UNESCO, 1998；UNESCO, 2001）。

　「文化の多様性に関するユネスコ世界宣言」は，その前文において，相互の信頼と理解を根底にした文化の多様性・涵養・対話・協力による平和保障，文化の多様性の認識，人類の一体感，異文化間交流の進展を基盤とした連帯，グローバル化による文化の多様性に対する挑戦と新たな対話条件などを挙げたのち，文化の独自性，多様性，多元主義，人権，創造性，世界の連帯について述べている（UNESCO, 2001）。前提にあるのは，我々は自然界同様，文化においても人類全体を構成員とする一つのシステムの中で生きているということであり，その中では，個々の文化や伝統は，一つの統合された社会の中で，文化的多元性を構成する一要素として存在するということである。多元性があればこそ，同質なもの同士の接触からは決して生まれて来ない，新たな発展と創造がある。この発展と創造を未来にわたって可能ならし

めるために，文化的な多様性を維持していかなくてはならないという考え方である。

文化の発展のための多様性と，自然界における生物多様性の二つの多様性の維持は，後述する Education for Sustainable Development（ESD，持続可能な開発のための教育*）によって一つにまとめられていくことになる。

## 8．ESDによる文化と自然の一体化

ESD が国連総会の場で採択され，UNESCO を実施機関とした「持続可能な開発のための教育の10年」がスタートしたのは，2005年のことである（Kaldun, 2010：39）。「持続可能な開発」は，1980年代後半の「国連環境と開発に関する世界委員会」が主として環境および資源と経済発展のバランスの観点から唱えたキーワードであり，現在生きている人々の間の平等を目指して開発を進めるとともに，その開発によって未来の世代の生活水準を損なうことのないよう，世代を超えた平等をも考慮するという考え方である（環境と開発に関する世界委員会，1990）。

ESD は，この概念をさらに文化面，社会面にも適用した，「基本的に尊重……を中心に据えた価値に関するもの」（UNESCO, 2005．Chan, 2010：3で引用）である。より具体的には，1．人権とすべての人々の尊厳の尊重，2．未来の世代の人権の尊重と世代間の責任に対する真摯な取り組み，3．多様な，より広い範囲の生命コミュニティーに対する尊重と配慮，4．文化的多様性の尊重 （Kaldun, 2010：39）が，ESD が推進する価値観である。

1995年の「人類の創造的多様性」，2001年「文化の多様性に関するユネスコ世界宣言」，そして2005年の「持続可能な開発のための教育」は，いずれも文化を地球全体の視点でとらえ，その多様性そのものを，新しい文化を創造するために維持すべき，世界の重要課題であるとしている。21世紀における文化的多様性尊重の目的は，不信や疑念を生まないための文化間相互理解，個々の集団の人権としての文化の尊重に加えて，時間的・空間的に一つ

---

＊持続発展教育とも訳される。

9．国家と地球，二つの次元での普遍化，多元主義，インターカルチュラリズムのシステムとして認識された地球における，システム全体の発展のための，新しい価値の創造に必要とされる多様な文化的要素の維持を含んだ，複数の目的を併せもつものとなっているのである。

以上みてきたように，UNESCO が現在世界で普遍的に推進しようとしている価値には，2008年の学習指導要領改訂で主張された，自分とは異なる文化や歴史に立脚する人々との共存のために，自らの文化・伝統を尊重する必要があるという要素も含まれている。しかしそれは単独で存在しているのではなく，異文化理解，他者の人権としての文化の尊重，世界全体の文化の創造という他の要素とともに，全体の価値を構成しているものなのである。

## 9．国家と地球，二つの次元での普遍化，多元主義，インターカルチュラリズム

グローバルな機関としての UNESCO がどのようにグローバル化を認識し，対応してきたかを述べてきたが，地球レベルではなく国家レベルに目を転じれば，一つのシステムの中の個々の文化の維持と，全体としての統合および新しい文化の創造というテーマは，決して新しいものではない。次にアメリカ合衆国の例をとって，個々の文化の独自性の維持と文化的他者との共存の関係について，もう少し理解を深めてみたいと思う。

アメリカ合衆国では，国家創造のプロセスの中で，統一されたアメリカ文化を求めて，アングロサクソンへの同化を求める同化主義や，個々の文化の良い点を集めたより優れたアメリカ文化を築くという融和論が唱えられた（綾部，1993）。しかし，実際にはそれぞれの民族は自分の文化を捨てることはなく，その現実を前に提案されたのが，それぞれの民族がその文化を維持しつつ共存していくという文化的多元主義であった。この文化的多元主義は，決して各民族集団が隔離や独立を望んでいるわけではなく，あくまでもアメリカ合衆国という枠の中で，他の民族集団が自文化に対してもっているのと同等の権利を，自分たちも獲得しようという動きから生まれてきたものである（同上）。

同化論，融和論，文化的多元主義の三者の関係を，現在のグローバル化現

## 第1章　グローバル化時代の国際理解と伝統文化

象下における状況に当てはめてみると，一元的で多様性に乏しい，いわゆるマクドナルド化現象は，文化の強制的な同化を求めるわけではないが，経済におけるグローバルな競争に勝利した者の価値観がグローバルスタンダードとなり，他はそれに従わざるを得ないという点において，経済というフィルターを通した文化の同化主義に近い。文化的な観点からというよりも，経済的な必要性から，多くの国で英語を教授言語として採用する学校が出てきていることなどが，具体的な例として挙げられる。

このような流れに対し，個々のローカル文化はそれぞれのアイデンティティーを保つべく，自己主張を強めている。学校教育においては，経済的な必要性から英語を導入する一方で，自国の言語に関する教育を強化したり，伝統的な文化を強調したりする現象が，日本ばかりでなく世界各地でみられる。この現象は，アメリカで文化的多元主義が生まれたように，一つの社会の構成員となったからこそ，その社会における他集団との間の平等性を確保しようとして起きている動きだと言えないだろうか。つまり，個々の文化の自己主張の強化は，一つの統合された社会の平等な構成メンバーとして共存するためにこそ，行われているということである。

融和論は，完成された一つのハイブリッド文化の普遍化と言い換えられるかもしれない。しかしアメリカで融和論が現実のものとはならなかったのと同様に，現在世界で起きているのは，西洋近代を普遍的な要素として共有しつつも，各地のローカル文化の特徴も併せ持つ，多様なハイブリッド文化の誕生である。他方，21世紀のアメリカ合衆国が，文化的多元主義を維持しつつも，アメリカ文化が世界を席捲しようとしていると危惧されるほどの「アメリカ文化」を築いたことも事実である。そうであるならば，現在世界に存在する多様なハイブリッド文化が，共存しつつも，やがてグローバル文化と呼ばれる何らかの共通点をもっていくことは十分ありうることである。また，「人類の創造的多様性」やESDが主張するような，システム発展のための新たな文化の終わりなき創造ということを考えれば，この多様性，つまりローカル文化の特徴の部分は，むしろ維持されるべきものだということになるであろう。

# 10. グローバル化時代の「伝統と文化の尊重」

　以上述べてきたように，「自らの国や地域の伝統や文化についての理解を深め，尊重する態度」を育む教育に求められるものは，かつてのように国民アイデンティティー強化のみを目的とした教育ではなく，グローバル社会の構成員としてのアイデンティティーをもって，自分に与えられた役割を担うための教育に変容しつつある。責任の一つは，グローバル社会が一体感のあるシステムとして機能し，発展していくために，構成員間の平等を保ちつつ，共通のグローバル文化を創造していくことであり，もう一つは，現システムが行き詰った時に，それに代わる文明・価値観を提供できるように，独自の伝統と文化を維持し続けることである。

　これらの観点から，2008年の学習指導要領にある「グローバル化の中で，自分とは異なる文化や歴史に立脚する人々との共存のため」という記述を補えば，「グローバル化の中で」とは，「多様な文化が，多元性をもった一つの世界に統合されるグローバル化時代においては」ということ，「自分とは異なる文化や歴史に立脚する人々との共存のため」とは，「他の構成員と互いに平等な関係を保ちつつ，自文化からも選択肢を提供して，地球全体として統合された文化を創造するプロセスに参加する」ということである。そしてこの場合の「多様な文化」や「自文化」は，今日では必ずしも，日本が近代日本の国民アイデンティティーとして学校教育を通して推進してきた，マジョリティー文化に限らないということにも，留意する必要がある。

　国民アイデンティティー強化のための自国文化の理解・尊重であれば，極端に言えば，西洋化されたハイブリッド文化でも十分にその役割は果たすことができた。近代日本の音楽文化として創り出された，日本の「唱歌」がよい例である（石井・塩原，2010）。しかし，グローバル化時代の「自らの国や地域の伝統・文化を理解し尊重する」教育は，新しいハイブリッド文化の創造だけでなく，国内の文化的マイノリティーの文化をも含んだ，より独自性の高い文化の維持をも求めるものである。この役割を果たすためには，日本を含め，近代化プロセスの中でそれ以前の伝統文化を否定し，西洋文化を取

## 第 1 章　グローバル化時代の国際理解と伝統文化

り入れ，近代国家における普遍的国民文化を作ろうとしてきた非西洋の国々においては，その逆のアプローチが求められることになる。既に多くの人々が，伝統文化よりもむしろ西洋化されたハイブリッド文化にアイデンティティーを感じている時代，そして学校教育以外にも文化の情報源が豊富に存在する時代に，「自らの国や地域の伝統や文化」を理解し，尊重する態度を育成するために，学校教育は，新たな課題に直面している。


### 参考文献・URL

- 綾部恒雄（1993）『現代世界とエスニシティ』弘文堂.
- 石井由理・塩原麻里（2010）「日本の音楽に対する大学生と60歳以上の人々の認識」『山口大学教育学部研究論叢』第60巻第 3 部，pp.15-26.
- 環境と開発に関する世界委員会（1990）大来佐武郎（監修）『地球の未来を守るために』ベネッセ.
- 「国際理解，国際協力，および国際平和のための教育と，人権と基本的自由についての教育に関する勧告」(1998) 堀尾輝久・河内徳子（編）『平和・人権・環境　教育国際資料集』青木書店，pp.190-200.
- 「国際連合教育科学文化機関憲章」(1998) 堀尾輝久・河内徳子（編）『平和・人権・環境　教育国際資料集』青木書店，pp.124-132.
- 佐藤郡衛（2000）『国際理解教育　多文化共生社会の学校づくり』明石書店.
- 中央教育審議会（1996）「21世紀を展望した我が国の教育の在り方について中央教育審議会（第一次答申）」『文部時報』1437号，pp.8-125.
- 中央教育審議会（2008）『幼稚園，小学校，中学校，高等学校及び特別支援学校の学習指導要領等の改善について（答申）』.
  http://www.mext.go.jp/b_menu/shingi/chukyo/chukyo0/toushin/__icsFiles/afieldfile/2009/05/12/1216828_1.pdf（2013年 8 月 2 日アクセス）
- 寺倉憲一（2010）「持続可能な社会を支える文化多様性」調査及び立法考査局『総合調査報告書　「持続可能な社会の構築」』，pp.221-237.
  http://www.ndl.go.jp/jp/data/publication/document2010.html（2013年 7 月29日アクセス）
- 永井滋郎（1989）『国際理解教育』第一学習社.
- 日本政府情報ポータルサイト（2013）「学校教育法」。http://law.e-gov.go.jp/htmldata/S22/S22HO026.html（2013年 7 月30日アクセス）
- 日本ユネスコ国内委員会（編）(1982)『国際理解教育の手引き』東京法令出版.
- 「平和・人権・民主主義教育に関する総合的行動要綱」(1998) 堀尾輝久・河内徳子（編）『平和・人権・環境　教育国際資料集』青木書店，pp.472-481.
- 「平和・人権・民主主義のための教育・宣言」(1998) 堀尾輝久・河内徳子（編）『平和・人権・環境　教育国際資料集』青木書店，pp.448-451.

- 宗像誠也（1977）『教育と教育政策』岩波書店．
- 明治図書出版（1967）『文部省発表　中学校学習指導要領，昭和33年（1958）改訂版』明治図書出版．
- 文部科学省（2013）「教育基本法」。http://www.mext.go.jp/b_menu/houan/kakutei/06121913/06121913/001.pdf（2013年7月30日アクセス）
- 山崎政人（1986）『自民党と教育政策』岩波書店．

## 英文参考文献・URL

- Chan, Lean Heng (2010) "Incorporating education for sustainable development into world heritage education: Perspective, principles and values" in *A Teacher's Guide: Incorporating Education for Sustainable Development into World Heritage Education,* Bangkok, UNESCO, pp. 3-33.
- Featherstone, Mike (1997) *Undoing Culture globalization, postmodernism and identity,* London, SAGE.
- Featherstone, Mike & Lash, Scott (1997) "Globalization, modernity and the spatialization of social theory: An introduction" in Featherstone, Mike, Lash, Scott & Robertson, Roland (eds.) *Global Modernities,* London, Thousand Oaks, New Delhi, SAGE, pp. 1-24.
- Ishii, Yuri (2003) *Development Education in Japan,* New York and London, Routledge-Falmer.
- Kaldun, Beatrice (2010) "World heritage in young hands: The UNESCO world heritage education resource kit-its usage and adaptation within the context of education for sustainable development" in *A Teacher's Guide: Incorporating Education for Sustainable Development into World Heritage Education,* Bangkok, UNESCO, pp. 35-55.
- Pieterse, Jan Nederveen (1997) "Globalization as hybridization" in Featherstone, Mike, Lash, Scott & Robertson, Roland (eds.) *Global Modernities,* London, Thousand Oaks, New Delhi, SAGE, pp. 45-68.
- Robertson, Roland (1997) "Globalization: time-space and homogeneity-heterogeneity" in Featherstone, Mike, Lash, Scott & Robertson, Roland (eds.) *Global Modernities,* London, Thousand Oaks, New Delhi, SAGE, pp. 25-44.
- UNESCO (1998) Background Document on *"Our Creative Diversity" Report of the World Commission on Culture and Development.*
- UNESCO (2001) *UNESCO Universal Declaration on Cultural Diversity.* http://portal.unesco.org/en/ev.php-URL_ID=13179&URL_DO=DO_PRINTPAGE&URL_SECTION=201.html　（2013年5月14日アクセス）
http://unesdoc.unesco.org/images/0015/001591/159177e.pdf（2013年5月30日アクセス）

# 第2章 グローバル化, 文化的継承, そして教育；中国の苦闘と体験

羅永華

## はじめに

　20世紀の終わりから, グローバル化は, 教育とカリキュラムにおける国家の役割と国家民族の特性に関する疑問を生じさせてきた (Law, 2004)。

　グローバル化は, 様々な議論のある概念であり, 標準的な定義はないが (Hirst & Thompson, 1996), 世界中の国境内および国境間で起きている, 経済的・文化的資本, 人々, 物資およびサービス, 情報, そしてイメージの越境する流れの, 先例のない速度と強さから生じてくる多面的現象をとらえ, 説明し, 分析するための, 包括的用語として, しばしば使われている (Law, 2006)。多くの国々は, マンパワーに対するグローバル化の新たな要求に見合うように教育とカリキュラムを改革することと, グローバル時代の錨として, 国民アイデンティティーと伝統的な習慣や文化について, 生徒たちに教える重要性を強調することの間の, ジレンマに陥っている。中国も例外ではないが, 中国の場合はこのジレンマに2世紀近くも直面してきたのである。

　この論文は, 外国への影響に対して国を開放することと, 教育と公民教育の中に国民アイデンティティーと文化的継承を維持することの間で, 中国が経験した国家建設の苦闘を, 特に19世紀末以降について検証していく。教育の経済的および社会政治的責務の間におけるこれらの苦闘は, 中国の主として4つの時代, 19世紀末の清朝, 中華民国 (1912–1949), そして毛沢東指導下の中華人民共和国 (1949–1976) と1978年以降の彼の後継者たちのもとでの中華人民共和国を通して, 一貫していた (Law, 2011)。これらの時代の間, 中国の国家は, この論文が論ずるように, 中華民族を再生し近代化することに努め, その国民アイデンティティーと現代中国公民を探し求めてきた。しかしながら, 中国の異なる最高指導者は異なる考えをもち, 外国の影響と文

化的継承を扱うにあたって様々なアプローチを用い，それらは，異なる時代の中国の教育とカリキュラムの中に屈折して入りこみ，またそれらから反射されてきたのである。

# 1．グローバル化，文化的継承，および教育

　グローバル化の複雑さとその人間の活動への影響を分析するために，様々な方法が生まれてきた（Held, McGrew, Goldblatt, & Perraton, 1998; Robertson & White, 2002）。一つの極端な視点は，グローバル化自体を疑問視し，それは架空のものに過ぎないとするものである（Held, et al., 1998）。この視点は，もう一つの極論である，地球規模の収斂という命題によって強く異を唱えられた。グローバル化の過激な支持者は，Waters（1995）が簡潔に述べたように，人間の活動の経済，政治，文化分野に対する地球的変化の，統一化効果を強調し，国家や国境，国の統治，ローカル文化などの役割や重要性の縮小を予測した。これらの両極端な意見の間には，穏健な，適応アプローチが存在する。MooneyとEvans（2007）が述べたように，グローバル化は標準化と多様性の両方をもたらすことができるというものである。このような両立を説明するために，グローカリゼーション理論家たちは，グローバル化を世界と各ローカリティーの間の二重の相互浸透の過程である（Robertson, 1992）と考えたり，「ローカルなものとグローバルなもののローカル化の，同時グローバル化」であると考えたりしている（Khondker, 2004, p. 4）。グローバル化の命題とは少し異なるが，新国家主義者たちは，国家，国境，そしてその他の国家特定の要素の変わらぬ重要性を，これらの圧力に対する国家もしくは地域における行為者の，自分自身の必要性や条件に応じた反応の多様化と同様に，唱えている（Held, et al., 1998; Kennedy, 2010; Schmidt, 1999）。

　グローバル化の収斂および発散効果に関する同様の論争は，教育とカリキュラムの議論にも及んでいる（Law, 2004）。教育におけるこれらの地球規模の収斂の兆候を説明するために，過激論者の間では，Usher & Edwards（1994）が，国家は自国教育制度に対する統制を失い，教育はもはや国民文化や国民アイデンティティーを推進することなく，漸次，教育にとってのグ

第2章 グローバル化,文化的継承,そして教育：中国の苦闘と体験

ローバルな標準と使命へと収斂していくだろうと予測した。世界文化あるいは経済行動への社会制度の影響を重視する理論家たちもまた,学校教育のグローバルな制度やグローバル化したカリキュラムの出現を論じてきた。たとえば McEneaney & Meyer（2000）は,教育とカリキュラムを現代社会の一部であると考え,近代性の西洋モデルが世界中に広まるに従って,教育およびカリキュラム構造の発展と変化は,世界全体においてますます異種同形のものになりつつあると考えた。しかし,Anderson-Levitt（2003）は,教育的収斂の命題を,グローバル化勢力の影響を過大評価しすぎていて,教育とカリキュラムの変化における国家およびローカルな行為者の役割を希薄にするものであるとして批判した。教育的収斂の命題とは異なり,適応の命題は,多くの国の教育制度の中に,生徒がグローバル経済の中で競争力を保てるように備えるというグローバルな教育使命の普及と,国のカリキュラムの伝統の維持の,両方の共存を認識した（Kubow & Fossum, 2007; Yates & Young, 2010）。

しかしながら,この種の議論は,中国にとっては新しいものではない。19世紀以来,中国は,以下に示すように,国を世界に開放することと独自の文化的アイデンティティーと文化的に継承されたものを維持することとの間で,同じような苦闘を体験し,様々な時代における長年にわたる近代化の追求の中で,それらに対応するための様々な戦略を用いてきたのである。

## 2．帝政時代の中国における儒教教育の支配

儒教の教育とカリキュラムは,2000年以上もの間,帝政時代の中国を支配した。帝政中国は,君主による統治に好都合である儒教の文化的遺産と社会政治的価値（たとえば皇帝への忠誠,親孝行,人格形成と社会調和のための道徳心育成など）を選択的に持続させ,多くの儒教的素養のある官吏を採用し,従順な中国公民を育て,中国君主の統率者としての地位と階級社会にける安定を保つために,伝統的な中国の教育とカリキュラムを活用した。産業革命（1750-1850）の間,伝統的な中国の教育は,社会政治的責務に焦点を合わせ続け,発展に対する責務を怠ったが,その間に西ヨーロッパ,アメリカ合衆

国，そして日本は，自国経済と技術を強化し，世界の他の地域への影響を拡大した。

19世紀に，中国が外国の世界勢力（英国と日本を含む）に軍事的に敗れた後，儒教中心の教育と中国文化は，中国の経済的後進性と技術的劣等性の主な原因として，そして中国の発展と近代化の主な障害として批判された。それ以来，中国は，国民および文化的アイデンティティーを失うのではないかという恐れと，発展において他国にはるかに後れをとっているのではないかという恐怖心にとらわれてきた。この問題を正し，現代中国公民を作り出すために，異なる時代の異なる中国の指導者たちは，異なるアプローチを用いてきた。

## 3．清朝末期（19世紀－1911年）；補足的アプローチ

経済的発展と国民アイデンティティーの保持の間のジレンマを正すために，末期清国は，発展と教育に対する補足的アプローチを用いた。それは，実益のために西洋の方法を学ぶことと，知識の本質として中国の伝統的な価値を保つこととの間の二分法を強調した。道徳心育成のために儒教の活用を強調し続ける一方で，中国は，職業および技術教育と，算数，農業，商業，科学などの学校教科を，西洋諸国から導入した。中国はまた，特に実務的分野における教育を受けるために，アメリカ合衆国，西ヨーロッパ，日本に学生を送った。しかし，孫逸仙に率いられた中国国民党による1911年の革命で，その君主制支配が倒されたため，末期清国は，補足的アプローチが中国再生に役立つかどうかを示す機会をもたなかった。

## 4．中華民国（1912－1949年）；統合的アプローチ

末期清国同様に中華民国も，経済的，技術的後進性の遺物を，帝政中国から受け継いだ。支配政党である中国国民党は，初めは孫逸仙（1912-1925）によって，そして次に蔣介石（1920年代半ば—1949）によって率いられたが，

第2章　グローバル化，文化的継承，そして教育：中国の苦闘と体験

中国近代化の強い願望をもっていた。清国家とは異なり，中国国民党に率いられた国家は，中国救済と再生のために，孫逸仙の統合的アプローチを採用した。統合的アプローチは，発展のために西洋の方法を学ぶことを強調し，選択的に中国と西洋諸国の伝統と慣習を統合した。特に，中国国民党国家は，国家統治の指導的イデオロギーと中国アイデンティティーの核として，孫逸仙の三民主義（民族主義，民権主義，民生主義）を掲げた。孫（1985）の主義は，儒教の価値（たとえば，仁愛，正義，礼儀，忠誠，孝行）と西洋の政治的伝統と価値（たとえば，三権分立）とを，選択的に融合した。

同様の統合的アプローチは，共和制中国の教育にも適用された。一方では，中国の学校カリキュラムは，中国の近代化のために生徒に言語と科学の能力を身につけさせることを強調した。特に，生徒は1年生から中国語を，7年生からは英語を学ぶことを義務付けられた（教育部．中華民国,1934）。彼らはまた，初等教育を通して一般科学を，7年生では植物学と動物学を，8年生では化学を，9年生では物理を教えられた。

他方で，中国国民党国家は，中国国民党によって定められた民族アイデンティティーと国民党版現代中国公民による，生徒の政治的教化を重視した。生徒に孫の政治的教義と共和制中国の理想を伝え，彼らの中に中国人の倫理，個人の道徳的行為と道徳性，社会的礼儀と行動，社会的責任と愛国心を育てるために，初等中等教育における道徳教化科が使われた。1920年代後半に蒋介石が孫から指導者の地位を引き継いだ後，教育と公民性教育は，いっそう中国国民党色が濃くなった。学校のカリキュラム全体と教科書の内容は，孫の三民主義に基づいて改訂された。1932年の公民の教育課程の基準は，儒教の7つの価値（忠誠，孝行，仁義など）を強調した。公民の教育課程の基準は，たとえば，生徒たちにこれらの教義と国旗および中国国民党旗にどのように敬意を表するかを教えることも求めた。次いで，中国国民党国家は，他の4つの儒教的価値を，その管轄区域内における全ての学校のための共通の標語として示した。しかし，中国国民党国家の現代中国公民形成に関わるこれらの努力は，二つの世界大戦，1930年代後半から1940年代半ばにかけての外国の侵略，1945年から1949年にかけての中国共産党との内戦によ

って，著しく妨げられた。

## ５．中華人民共和国（1949年以降）；二つの異なるアプローチ

　1949年以来，中国共産党が中国を支配してきた。その国家建設の進展は，おおまかに二つの主たる段階に分けることができる。毛沢東の時代（1949-1976）と，鄧小平，江沢民，胡錦濤主導の時代を含む，ポスト毛時代である。これら二つの段階は，遅れを取っているという経済恐怖症と，社会主義による新しい国民アイデンティティーを形成する必要性に取り組むために，中国共産党が取った二つの異なるアプローチを反映したものである。

## ６．毛の中国（1949－1976年）；置換アプローチ

　毛のもとでの中国は，儒教を拒否し，中国文化を封建的で半植民地的なものとして軽視し，それらに代わるものとして，中国の近代化を進めるための主たる処方箋，国家が支持する唯一の統治イデオロギー，そして中国国民のための新しい国民アイデンティティーの主要な本質として，外国の社会主義をもってあてるという，置換アプローチを採用した。先人たち同様に，中国共産党国家は，「紅」と「専」，すなわち社会主義公民を育てるという政治的責務と，国内の経済的発展のためのマンパワーを生み出すという経済的責務の間の苦闘に陥った。特に，中国共産党国家は，中国の生徒たちを，中国の近代化のための「新社会主義者」へと教化するために，学校カリキュラムを活用しようとした(T. H.-E. Chen, 1969)。生徒たちは，上に述べたような「紅」と「専」の両方であることを期待された（Baum, 1964）。

　一方で，1949年以前の中国国民党同様に，中国共産党国家は，生徒に優れた言語能力と社会主義近代化のための基本的科学知識を身につけさせることを重視した。また，7年生からの中等教育の生徒たちには，1つの外国語を中学校レベルでは週に3時間，高校レベルでは週に4時間学ぶことを奨励した。アメリカ合衆国やイギリスなどの資本主義諸国とは，外交的な関係を

第2章　グローバル化，文化的継承，そして教育：中国の苦闘と体験

絶っていたにもかかわらず，中等教育学校で英語を教えることは許可されていた。しかしながら，英語よりもロシア語を教える学校の方が多かった。中国共産党国家はまた，三つの科学教科（物理，化学，生物）を芸術や人文科学よりも重視し（授業時間数の面で），職業および技術教育は除外した（M. R. Chen & Hu, 1993）。

　他方では，1949年以前の中国国民党国家のように，中国共産党国家はその政治的主導性を確固たるものにするための視点をもって，生徒たちに政治教育を施した。1950年代初めには，中国共産党国家は，中等教育の生徒たちに，週に2時限，中国共産党版の中国革命史，マルクス主義に傾倒した社会科学，そして1949年の中国人民政治協商会議共同綱領（1954年以前には，新社会主義中国の憲法として扱われたもので，その社会主義政治，経済，社会制度の概要を述べたもの）を学ぶことを義務づけた（M. R. Chen & Hu, 1993）。政治の授業は毛の社会主義思想に大きく傾倒しており，資本主義国を敵，社会主義国を友好国とみなす，イデオロギー的に二元的な世界観を推進し，資本主義に対する共産主義の優位性を強調し，中国に理想的共産主義世界を建設するための階級闘争という，中国共産党の方針を重視していた。

　「紅」と「専」の間のバランスは，文化大革命（1966-1976）によって中断された。中国全土に及ぶこの政治的動きの間，社会主義経済はひどく衰えたが（Liu & Wu, 1986），政治は全国土を指揮下においた。初等中等教育の学校では，政治の教科書，中国語と歴史は，毛の著作と教えに置き換えられた。政治の授業では，生徒たちは毛の言葉を学んで他の人々と自分たち自身を批判することを強いられた。後には，中国文化が厳しく攻撃され，知識が軽蔑され，知識人と教師が批判され，学校と大学は活動を停止させられた。その結果，教育の経済的責務がすっかり基盤を浸食された一方，その政治的責務は極度に推し進められたのであった。

## 7．1976年以降のポスト毛時代の中国；実利実用主義アプローチ

　悲惨な文化大革命の後，鄧小平が中国の指導者となった。彼は，毛の政策

## 7．1976年以降のポスト毛時代の中国：実利実用主義アプローチ

のほとんどを覆し，衰えつつあった社会主義経済を再生し，社会と教育の秩序を取り戻すことを始めた。置換アプローチを信奉した毛とは異なり，鄧は，中国を改革し，再生させるために役に立つ可能性のある，あらゆる方策と方法を用いて，グローバル化時代における国の活力回復のために，実利実用主義アプローチを取った。1978年に，鄧のもとの中国共産党国家は，改革と世界への開放の政策を発表した。国家が支持するイデオロギーとして社会主義を維持する一方で，中国は，資本主義国も含めた外交関係へと転換し，社会主義経済を再生するために資本主義的手段の行使へと逆戻りし，この社会変化によって生じる，社会主義では正すことのできない課題や問題に対処するために，伝統的中国文化と価値の活用に頼った。それ以来，鄧の後継者たちは，中国文明と他の文化の優れた要素を吸収することの重要性を，繰り返し強調してきた。

教育においては，鄧（1983）は，近代化，世界，未来（三個面向）からの要求に応えること，そして生徒を社会主義の理想と道徳的美徳とよい教育と規律（四有新人）を身につけた「新社会主義者」に教化することを求めることによって，「紅と専」の信条を言い換えた。一方で1990年代に中国は，グローバル化からの挑戦に立ち向かえるように，生徒たちを準備する必要性を認識した。中国は，生徒たちに幅広い知識の基礎をもち，翻訳技術（外国語と情報技術を含む）を身につけることを求めた。他方では，中国共産党国家は，社会主義公民を創り出すために，学校での政治学習を強調し続けた。

2000年代には，中国が成長中の世界勢力であると見られていたため，胡錦濤指導下の中国共産党国家は，中国の発展と再生における中国文明と文化の役割に，より多くの関心を示した。2011年7月，中国共産党国家は，国民文化政策を発表し，中国の国内と国際社会での発展における，中国文化の拒絶から再受容への公式の政策転換を行った（中国共産党中央委員会，2011）。一方で，中国の「文化的安全」を守り，他国の文化的侵略に抵抗し，世界における中国文化の国際的影響力を高め，中国国民の進取の気性と中国の改革と世界への開放の成功を世界に示すために，中国共産党国家は中国文化を用いることを欲した。他方で，中国共産党国家は，4つの主な国内的側面，つま

## 第2章 グローバル化,文化的継承,そして教育：中国の苦闘と体験

り民族的連帯と革新,競争のための総合的国力,経済的社会的発展,豊かな社会における中国国民の「精神生活」の文化面の陶冶（これは中国共産党が2020年までに達成しようとしている国家発展目標である）において,中国文化の重要性が増してきていることを認識している。

中国文化の新たな強調は,新カリキュラムに反映されている。半年後（2011年12月）,中国教育部（2012）は,初等および前期中等教育の19教科のための改訂カリキュラム基準を発布した。生徒たちに世界で競争に参加できるように奨励する一方,中国共産党国家は,グローバル時代の社会主義者の枠組みの中で,彼らの中国文化アイデンティティーを強化することを目指している。2001年に発表された前カリキュラム基準と比較すると（教育部,2001),これらの新しいカリキュラム基準は,主に3つの面でより中国中心主義になった。まず,中国共産党国家は,生徒たちの中国語能力の向上が急務であると強調した。中国国家は,生徒たちの中国語能力レベルの,とりわけ筆記能力と日常生活での適用性の低下を案じている（教育部,2011c)。次に,生徒たちが書道,中国の伝統的な音楽やオペラ,中国芸術などの中国の文化的伝統に,より多く触れ,親しむことができるように,芸術や人文科学の教科に,より多くの中国に関する要素が加えられた（教育部,2011b)。三つ目に,2011年カリキュラム基準は,中国の生徒たちに,中国共産党指導下における中国の成功と成長を,誇りに思ってもらいたいと望んでいる（教育部,2011a)。

より多くの中国関連の要素を加えたことが,中国の生徒たちにどのように中国に対するより強いアイデンティティーと誇りを発達させることができるかは,まだ結果が出ていない。しかしながら,新しい文化政策は,中国共産党国家が,国家建設のためには社会主義にのみ頼ることはできないということ,そして中国の発展,国家の再活性化,国民アイデンティティーは,中国文明と文化から完全に切り離すことはできないということを,間接的に自認したということを示している。

# 結　論

　この論文では，中国の2世紀近くにわたる，発展のための世界への開放と，国民的，文化的アイデンティティーの保持とに間の苦闘と，この間の異なる国内およびグローバルな状況の中で，異なる中国の指導者たちがどのようにこれらの苦闘に対応してきたかを検証してきた。中国の事例は，グローバル化あるいは教育のグローバル化の，収斂命題よりはむしろ適応命題に論拠を与えるものである。中国の異なる時期における発展に対する4つのアプローチは，中国が，資本主義国であろうが社会主義国であろうが，他国から近代化について学ぼうとすることに熱意を傾けてきたことを示している。しかし，補足的，統合的，実利実用主義アプローチは，中国の，中国文化アイデンティティーの喪失に対する恐れと，中国の伝統や価値と争うか，あるいはそれと相いれないかもしれない外国の伝統と価値を，そっくりそのまま移植することに対する，留保を示している。毛指導下の中国共産党国家の過激な（拒否）アプローチは，中国の国民アイデンティティーを中国文化から根こそぎ抜き取り，中国文化を外国のイデオロギー（社会主義）で置き換えようとしたものであったが，この脱中国化は無益に終わった。むしろ逆に，時間が経過し，中国が世界に対してより開かれ，より発展するにつれて，中国は，世界への中国の宣伝において，また，国内の社会的課題や問題を正す解決策のために，そして現代中国公民を創るために，社会主義の教義と信条よりも，伝統的および現代の中国文化に頼る必要性が，ますます強くなっている。

　中国の事例は，国家建設あるいは再建設と，グローバル時代に国民アイデンティティーと独自性を維持することにおける，文化的に継承されたものの重要性を例示していると結論できる。発展のために競争することと文化的継承のために奮闘することは，同じくらい重要なことであり，伝統文化は，発展の重要な基盤であると同時に国民アイデンティティーを構成する一つの構成要素となり得るのである。発展の責務に加えて，市民性教育および教育全般は，国の文化の継承，維持，発展において，また，生徒たちが，多文化世

## 第2章 グローバル化,文化的継承,そして教育:中国の苦闘と体験

界において,自らのあるいは他の社会の伝統と価値を尊重できるようにするために,ますます重要な役割を担うことを期待されている。しかしながら,これもまた中国の事例が示すように,ますます相互関係を深め,相互依存の度合いを高めつつある世界における,グローバル競争の中にあって,国家が発展と文化の保持の間のバランスを取ろうとする決意と方策にかかっているのである。

## 付　記

本章は,筆者の英語で書かれた論文 Law, W.-W. (2013). Globalization, National Identity, and Citizenship Education: China's Search for Modernization and a Modern Chinese Citizenry. *Frontiers of Education in China, 8*(4), 596-627. を短縮し,修正を加えたものである。

## 参考文献

- Anderson-Levitt, K. M. (2003). A World Culture of Schooling? In K. M. Anderson-Levitt (Ed.), *Local Meanings, Global Schooling: Anthropology and World Culture Theory* (pp. 1-26). New York: Palgrave Macmillan.
- Baum, R. D. (1964). "Red and Expert": The Politico-Ideological Foundations of China's Great Leap Forward. *Asian Survey, 4* (9), pp.1048-1057.
- 沈勉榮,胡學增 (1993).「學科中心課程在我國的歷史命運」. 楊玉厚編,『中国课程变革研究』、西安:陝西人民教育出版社, pp.390-416.
- Chen, T. H.-E. (1969). The New Socialist Man. *Comparative Education Review, 13* (1), pp.88-95.
- 鄧小平 (1993).「為景山學校題詞（一九八三年十月一日）」.『鄧小平文選第三卷』. 北京:人民出版社, p.35.
- Held, D., McGrew, A., Goldblatt, D., & Perraton, J. (1998). *Global Transformations: Politics, Economics and Culture*. Cambridge, England: Polity Press.
- Hirst, P., & Thompson, G. (1996). *Globalization in Question: The International Economy and the Possibilities of Governance*. Cambridge, Mass.: Polity Press.
- 教育部 (2001).『基础教育课程改革纲要（试行）』. 北京:北京大學出版社.
- 教育部 (2011a).『義務教育歷史課程標準』. 北京:北京大學出版社.
- 教育部 (2011b).『義務教育音樂課程標準』. 北京:北京大學出版社.
- 教育部 (2011c).『義務教育語文課程標準』. 北京:北京大學出版社.
- 教育部 (2012).「就印發義務教育課程標準（2011）答記者問」. http://www.moe.gov.cn/publicfiles/business/htmlfiles/moe/s271/201202/130063.html, 2012-02-07/2012-02-08
- Kennedy, K. J. (2010). Neo-Statism and Post-Globalisation as Contexts for New Times. In

- A. Reid, J. Gill & A. Sears (Eds.), *Globalization, the Nation-State and the Citizen: Dilemmas and Directions for Civics and Citizenship Education* (pp. 223-229). London: Routledge.
- Khondker, H. H. (2004). Glocalization as Globalization: Evolution of a Sociological Concept. *Bangladesh e-Journal of Sociology, 1* (2), 1-9.
- Kubow, P. K., & Fossum, P. R. (2007). *Comparative Education: Exploring Issues in International Context* (2nd ed.). Upper Saddle River, N.J.: Pearson/Merrill/Prentice Hall.
- Law, W.-W. (2004). Globalization and Citizenship Education in Hong Kong and Taiwan. *Comparative Education Review, 48* (3), pp.253-273.
- Law, W.-W. (2006). Citizenship, Citizenship Education and the State in China in a Global Age. *Cambridge Journal of Education, 36* (4), pp.597-628.
- Law, W.-W. (2011). *Citizenship and Citizenship Education in a Global Age: Politics, Policies, and Practices in China*. New York: Peter Lang Publishing.
- Liu, S., & Wu, Q. (Eds.). (1986). *China's Socialist Economy: An Outline History (1949-1984)*. Beijing: Beijing Review.
- McEneaney, L. H., & Meyer, J. W. (2000). The Content of the Curriculum: An Institutionalist Perspective. In M. T. Hallinan (Ed.), *Handbook of the Sociology of Education* (pp. 189-211). New York: Kluwer Academic/Plenum Publishers.
- Mooney, A., & Evans, B. (Eds.). (2007). *Globalization: The Key Concepts*. London: Routledge.
- Robertson, R. (1992). *Globalization: Social Theory and Culture*. London: SAGE.
- Robertson, R., & White, K. (Eds.). (2002). *Globalization: Critical Concepts in Sociology*. London: Routledge.
- Schmidt, V. A. (1999). Convergent Pressures, Divergent Responses: France, Great Britain, and Germany between Globalization and Europeanization. In D. A. Smith, D. J. Solinger & S. C. Topik (Eds.), *States and Sovereignty in the Global Economy* (pp. 172-192). London: Routledge.
- 孫中山 (1985).「建國大綱」.『孫中山全集 (第六卷)』.北京：中華書局, pp.177-493.
- Usher, R., & Edwards, R. (1994). *Postmodernism and Education*. London: Routledge.
- Waters, M. (1995). *Globalisation*. London: Routledge.
- Yates, L., & Young, M. (2010). Globalisation, Knowledge and the Curriculum. *European Journal of Education, 45* (1), pp.4-10.
- 中國共產黨中央 (2011).「關於深化文化體制改革推動社會主義文化大發展大繁榮若干重大問題的決定」.『人民日報』, 2011-10-26,p.1,pp. 5–6.
- 中華民國教育部 (1934).『第一次中國教育年鑒』.上海：開明書店

# 第3章 文法ルールの言語教育

有元光彦

## はじめに

　本稿の目的は，文法的なメタ言語能力の養成を目指した斬新な文法教育の方法論を議論することにある。従来の国語教育における文法教育の枠を超えた，いわゆる文法ルールの言語（母語）教育を目指すものである。

　従来の国語教育における文法教育は，文法，即ち言葉の仕組みそのものを学ぶのではなく，文学作品の鑑賞，作文教育，生活における正しい運用のために学習するという傾向が強いようである。

　学習指導要領では，小学校・中学校とも，「〔伝統的な言語文化と国語の特質に関する事項〕（1）イ　言葉の特徴やきまりに関する事項」において文法事項が述べられている。これを見ると，小学校学習指導要領では，「表現」，「理解」，「使い方」といった用語が使用され，中学校学習指導要領では，「五感を磨く」など運用面に関するコメントがよく見られる。

　教科書の構成から見ても，文法事項がメインで取り上げられることはほとんどない。特に，小学校教科書では，小説や論説文等の文学作品のあとに，コラムのような形として文法事項が掲載されているものが多い。

　教師側の指導に関しては，小学校では，教科書の構成もあってか，文学作品を正確に解釈できる，または作文を正しい日本語を使用して書くことができる，といった目的のために，最低限の文法事項（例えば，主語・述語や修飾語，活用）が扱われる程度である。中には，授業時間の制約のため，文法事項はほとんど扱わない場合さえある。一方，中学校になると，その様相は一変する。いわゆる"学校文法"を全体的に指導する。即ち，生徒はすでに整理された一つの学説を網羅的に暗記することになる。これは，高等学校で学習する古典（古文）文法を学習するための準備段階である，という色合いが強い。また，高校入試に文法事項が出題されるため，生徒は機械的にそれを暗記するという方向に向かう。

1. 本稿での姿勢

　以上から分かるように，従来の国語教育では，文法事項は中心的な目的とはなっていない。主たる目的が別にあって，そのために付随的に文法事項を扱う，というのが現状である。

　また，国語教育で取り上げられる文法項目は，個別的で臨時的な場合が多々ある。しかし，言語はそれ自体が体系（システム）である。従って，その中にある文法項目は有機的に関連付けられている。即ち，そこには「規則性」が存在している。規則性は，後述する「文法ルール」によって表現されることがあるため，文法教育に文法ルールを持ち込むことは避けて通れないことである。個別的に文法項目を扱うのではなく，文法ルールを明示することによって，文法項目の関連性を意識させることが必要ではないかと考える。

　そこで，本稿では，近年注目されている「メタ言語能力」の養成を目的とした新たな文法教育の枠組みにおいて，文法ルールという概念を持ち込むことによって，新たな教材開発の可能性を示す。さらに，このような枠組みをさらに展開していくための方向性を議論する。

# 1．本稿での姿勢

　本節では，本稿における基本的な考え方（姿勢・態度）を，主に用語を定義することで示しておく。

　まず，本稿での対象は，国語教育における文法教育を現時点では考えているため，母語としての現代日本語である。国語教育では古典日本語も対象としているが，これは内省がきかないため，対象とはしない（できない）。また，留学生等が外国語として学ぶ日本語教育（第二言語習得）も，現時点では無関係である。もちろん，言語教育としては同類であるので，英語教育等の外国語教育とともに，将来的には考え方を融合していく必要がある。

　本稿で示す文法教育はメタ言語能力を養成する目的を持つものであるが，メタ言語能力とは，「脳に内蔵している文法という知識を客体化して利用すること」（cf. 大津由紀雄　1989：27）を可能にする能力，あるいは「言語を客体化し，言語に省察を加える能力，メタ言語を操る能力」（cf. 岡田伸夫 1998：158）と定義されている。従って，「話すことがうまくなる」とか「ス

ピーチ能力」とか「言語力」といった言語運用能力とは直接は関係しない。また，「漢字や四字熟語等をよく知っている」といった知識（knowledge）とも無関係である。

　従って，本稿で言う「文法」とは，母語話者の心／脳（mind/brain）に蓄積されている言語に関する知識，即ち心的辞書（mental lexicon），文法ルール（grammatical rule），原理（principle），条件（condition）等の総体である。いわゆる"学校文法"のような整理された学説を一般的には文法と呼ぶこともあるが，ここではそのような特定のものを指しているのではない。また，研究領域として形態論（morphology）・統語論（構文論）（syntax）を指して文法と言うこともあるが，これも本稿の使い方ではない。

　生成文法理論（Generative Grammatical Theory）の初期の考え方である標準理論（Standard Theory）では，非常に大雑把に言って，文法は心的辞書と文法ルールから構成されている，とされている。心的辞書は，音声・意味・品詞等の形態的・構文的情報が含まれた語彙項目（レキシコン（lexicon））の集合体である。文法ルールとは，基本的に「A→B」という形式を持った交替規則（alternation rule）である。従来の国語教育では主に心的辞書の一部が対象とされているが，本稿での対象はこの文法ルールである。言うまでもなく，文法ルールとは言っても，「表記法」「正書法」や「修辞法」といった運用面での問題は含まれない。

　文法ルールを対象とすることがあるからといって，言語学（Linguistics）を教えるわけではない。ここで挙げる教材の目標は，「言葉の仕組みに気付かせる」「言葉の面白さに気付かせる」ということである。言語学から得られた知見は利用するが，言語学そのものを教えるわけでない（cf. 大津由紀雄・窪薗晴夫（2008））。

## 2．先行研究

　メタ言語能力の養成を目的とした言語教育プログラムの推進は，近年，大津由紀雄氏が牽引しているといっても過言ではない。その嚆矢となる論考は，大津由紀雄（1989）である。ここで重要な点は，以下の大津由紀雄

## 2．先行研究

(1989：27) のコメントである。

（1）これまでも，メタ言語能力の発達に注目し，その発達を促すことの重要性が認識されていなかったわけではない。「ことばあそび」という名称のもとで数多くの実践が行なわれているが，その大部分はメタ言語能力の発達の促進を目指したものと解釈することができる。これらの実践の多くは，比較的年少者がその対象とされていたこともあって，その材料が音韻的側面と形態論（語の内部構造）的側面にほぼ限られている。しかし，言うまでもなく，メタ言語能力は統語論（文構造）的側面，意味論的側面，談話法（文連結，文章）的側面，さらには，語用論（言語知識の使用に関する知識）的側面にも及ぶ。

そこで，大津由紀雄氏らを中心として，メタ言語能力育成を目的とした教材，特にテキスト類の開発が進行している。それには，大津由紀雄 (1996a, 1996b, 2008)，大津由紀雄・窪薗晴夫 (2008) がある。

また，どのような文法事項を，どの段階（学年）で導入していけばいいかという問題を，実証した実験例として Otsu(1987) がある(cf. 岡田伸夫(1998：169-173))。このような実験は，言語発達の面だけでなく，言語教育上でも示唆的である。ある統語的な現象の発達段階が判明すれば，それを言語教育上組み込む時期も明らかになるのである。

この点に関しては，大津由紀雄(2012：65) に次のようなコメントがある。

（2）「子どもの言語学との触れ合いについてはまず，認知発達のどの段階で，どの世界のどのような気づきを誘発し，それをどう利用するのが効果的であるのかを明らかにする必要がある。」

（3）「つぎに，その成果にもとづき，家庭や学校で利用することができる「教材」を開発しなくてはならない。そうでないと，せっかく得られた知見が社会に還元されることなく終わってしまう危険性が高い。」

しかし，認知発達段階と導入教材との関連性を厳密に精査した論考はほとんど見られない。従って，その研究成果に基づいた教材もほとんど開発されていないというのが実情であろう。

教材がほとんど見られないということは，実践例の報告も見られないことになる。唯一，小学校での実践例として齊藤菊枝 (2008, 2009) があるが，こ

れは大津由紀雄氏の一連の研究で提示された教材を使用したものである。実際は、これらの典型的な教材を使用して、様々なレベルでの授業実践が成されているのかもしれないが、現時点ではあまりオープンになっていない。

以上は、小学校を対象とする文脈であるが、一方、メタ言語能力の養成を目的とした中学校を対象とするプログラムや教材は、なおさら見られない。前述したように、中学校では、いわゆる"学校文法"という1つの考え方が教授される。そこでは、何よりも文法用語の学習が求められる。従って、文法用語の単純な暗記に終始する傾向が高い。中学校の時期は、母語習得の臨界期でもあるため、小学校のように認知発達段階との対応関係を追究することは困難であるかもしれない。しかし、Honda & O'Neil (1993) 等が主張するような科学構成能力 (science-forming capacity) の養成を目的とするならば、興味深い取り組みも見られる。その具体例の1つとして、International Linguistics Olympiad (IOL) が挙げられる。*  この組織の規約の中には、IOLの目的の1つとして、次の文が書かれている。

(4) To promote awareness of language, of the world's linguistic diversity, and of the essence of linguistics among secondary school students and the general public.

ここでは、最初の目的として、言語の気づき (awareness of language) の推進が謳われている。IOLは、年に1回開催され、個人コンテストとチームコンテストから成っている。いずれも、制限時間内に、言語学や数学に関する問題に解答することが求められている。問題の内容は、形態素分析や文字解読等であり、客観的な分析能力を試すものである。ただ、参加者の中心が中高生であることから分かるように、参加資格として、言語学や数学に関する事前の専門的な知識は必要ないとされている (cf. Derzhanski & Payne (2010))。

以上から分かるように、小学校段階ではメタ言語能力の養成を、中学校段階では科学構成能力の養成をそれぞれ目的とした試みは、近年少しずつ見られるようにはなっている。しかし、日本では依然として国語教育の中に位置

---

＊ IOL については、http://www.ioling.org/（2013年8月20日アクセス）を参照されたい。

付けられたままである。今後は，メタ言語能力の養成を目的としたプログラムや教材の開発は言うまでもなく，国語教育の枠を超えた学際的な取り組みが必要となろう。そこで，以下の章では，これらの問題を順に取り上げて議論していくことにする。

# 3．教材開発

本節では，新たな観点・方法論から開発した教材を提示する。

筆者が現時点までに開発した（または，開発中の）言語教育教材は，次の4種類である（cf. 有元光彦（2009:19-29））。

(5) a.「【コラム6】文法くんの一人暮らし」(1997年)
b.『EPISODE 10: コンジュの城』(2003年)
c.『Final CLATIDE』(2005年)
d.『MLA ですます』(2009年)

（5a, b, c）は「動詞活用の仕組み」を学習することを目的としている。これらは，大津由紀雄（1996a：112-129）で扱われているものを，方言に試験的に適用したものであって，方言を対象とするよりは，共通語で実践した方が有効ではないかと考えている。一方，（5d）は，山口方言に特有な文法現象を扱ったものである。

本節では，(5d) の教材，及びその後新たに開発した教材『活用サイコロ』について概説する。

## 1)『MLA ですます』

本教材については，詳細を有元光彦（2009：25-29）で説明してあるため，簡潔に示す程度に留める。

この教材の目的は，「分類する（グルーピングする）」「文法ルールを見出す（に気づく）」ことである。自分の知らない単語が名詞であるのか動詞であるのか，どうやって分かるのか，何かルールがあるのではないか，このような問題提起のプロセスを辿ることになる。自分の知らない単語の例として，ここでは山口方言の「しあわせ」を取り上げている。最終目的は，この単語の

## 第3章 文法ルールの言語教育

品詞を確定することである。そのためには，品詞を確定するためのルールを見つけることが優先される。そこで，「山」「受ける」といった単語を比較対照として提示する。これらの単語に「です」「ます」を付けると，次のようになる。＊

(6) a. 山です。　　b. ＊山ます。

(7) a. ＊受けです。　　b. 受けます。

　(6),(7) から分かるように，「山」の直後には「です」しか付けられない。また，「受け（る）」の直後には「ます」しか付けられない。これは，山口方言でも同じ分布となっている。そうすると，山口方言の「しあわせ」はどうなるかというと，次のような分布になっている。

(8) a. ＊しあわせです。　　b. しあわせます。

　「しあわせ」の直後には「ます」しか付けられないことから，「しあわせ」は「受け（る）」と同じ振る舞いをする，即ち同じ仲間・グループであると言える。以上のようなプロセスである。
　ここから分かることは，どの単語とどの単語が同じ仲間・グループであるのか，という問題に対して，「です」「ます」のどちらが付くのかを調べれば分かる，という解答が得られたことである。グループ化もルール化も，いずれもメタ言語能力を養成するためには重要な方法である。

## 2）『活用サイコロ』

　(5) の教材以降に新たに開発した教材として，『活用サイコロ』(2009年) がある。図3－1が全体像である。
　これは，動詞「書く」の活用形を，サイコロ3つを組み合わせた計18面に書き表したものである。従って，見る方向によって，様々な活用形が現れてくる。例えば，図3－2のような方向から観察すれば，未然形「かかない」

---

＊記号＊は，当該の形式が非文法的（不適格）であることを示す。

## 3．教材開発

図3-1 "活用サイコロ"の全体像

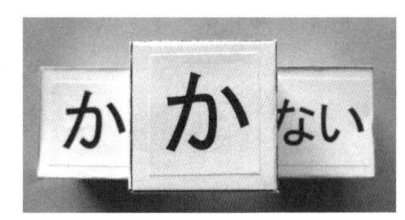

図3-2 「かかない」

が見える。
　また，見る方向を変えると，次のような活用形も現れてくる。それぞれ，図3-3は連用形「かきます」，図3-4は終止・連体形「かく」，図3-5は仮定形「かけば」，図3-6は命令形「かけ」である。

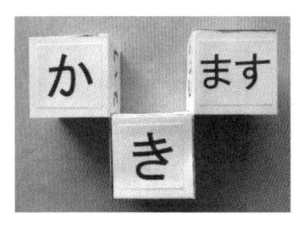

図3-3 「かきます」 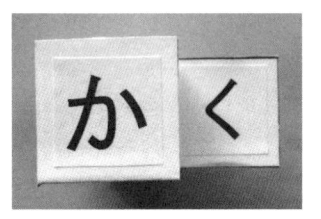　　図3-4 「かく」

第3章　文法ルールの言語教育

図3-5　「かけば」　　図3-6　「かけ」

　この教材は，(5 a, b, c) で対象としてきた活用の問題を可視化 (visualization) しようとしたものである。ただし，この教材の目的は，これによって活用を教えることではなく，これを観察することによって，活用（語形変化）の仕組みに気づかせることにある。
　例えば，様々な角度から観察すると，ある一つのサイコロだけに，「か」が集まっていることが分かる。これは何であろうか，といった問題を提示することができる。ここでは，「共通点を見出す」ことが目的となっている。
　最終的には，活用とは，全体が変化するのではなく，単語の一部が変化すること，従って，変化する部分と変化しない部分があること，を明示することになる。即ち，ここにはある種の文法ルールが存在することを意識させることになる。文法用語の提示の段階まで行くと，変化しない部分を「語幹」，変化する部分を「活用語尾」という用語も必要になる。
　この『活用サイコロ』では，活用の問題とは無関係な仕掛けも含まれている。図3-7・8から分かるように，見る方向を少し変えただけで，同じ「かいていた」が現れる。

図3-7　「かいていた」

4. まとめ

図3-8 「かいていた」

　これは，隠し絵のようなもので，この教材に興味を持たせるための仕掛けである。
　前述の『MLAですます』の教材と大きく異なる点は，本教材は観察型であるということである。従って，教師の指示はほとんど不要であるかもしれない。「語幹」等の文法用語も学習段階によって示すかどうかは変わってくるが，少なくとも「ことばへの気づき」を誘発させることは可能であろう。

## 4. まとめ

　従来の文法教育は，「表現」「理解」「使い方」といった別の目的を達成するための道具としてしか意識されていなかった。しかし，言語には独自の体系があり，その仕組みを学ぶことは，外国語教育（特に英語教育）に資するだけでなく，科学構成能力の養成にも貢献する。そこで，本稿では，従来の文法教育とは異なる，メタ言語能力の養成を目的とした文法教育教材（プログラム）の開発を試みた。
　このような文法教育プログラムの開発においては，次のような操作を含んだ内容にしている。

（9）a. 文法的な基準によって，分類（グルーピング）する。
　　　b. 文法ルールを発見させる。
　　　c. イレギュラーな言語データを考えさせる。
　　　d. 実在しない言語データを考えさせる。

　（9a）では，まず共通点や相違点を見つけることを促す。それによって，

基準を立てることができ，その基準に基づいて分類できることになる。分類は，科学的方法論の第一歩である。

　（9b）の文法ルールについては，（9a）の基準が立てられた時点で，設定されていると言っても過言ではない。これをどの程度明確に定式化するかは，学習段階に依存する。

　次に（9c, d）であるが，これらは類似した方法論である。例えば，実在しない動詞を考えさせ，それがどのように活用するか，活用形を書き出してみる，といったプログラムが考えられる。例えば，次のような単純な問題でも構わない。

> （10）a. 動詞「ぶちゃる」「らららく」の未然形は何でしょうか。
> 　　　b. 名詞「梅雨」を動詞にすると，どんな形になると考えられますか。

　いずれも，実在しない仮想的な単語を操作できるかどうかを問題としている。特に，（10b）には正解が存在しない。答えは，「梅雨る」でも「梅雨ぶ」でも構わない。動詞の終止形が作れるかどうかが問題なのである。終止形を作ることができれば，（10a）と同様に未然形など，他の活用形への語形変化を探ることが可能となる。イレギュラーな言葉や実在しない言葉を使うことは，単なる言葉遊びではなく，そこには文法ルールがあることを意識させることに他ならないのである。

　母語に対する直観（intuition）に基づいて内省することは，厳密に言えば，母語話者にしかできない。その内省を促すことによって，母語の仕組みを客観的に捉えられるようにする。さらに，母語だけではなく，多言語との比較も必要になってくる。どの外国語であっても，はたまた方言であっても，その基盤には普遍文法（universal grammar）が存在すると仮定されている。もちろん，それに加えて言語個別文法（language-particular grammar）も存在する。そこまで厳密にしなくとも，言語間で共通点と相違点を見つけるだけで，まさにメタ言語能力の養成に貢献するのである。ただ，現時点では国語教育と英語教育との連携でさえ十分に取られていないことから，大津由紀雄（2012：64）では次のような主張が成されている。

(11)「筆者の現在の考えは，ここでも，子どもの直感がきく母語を対象にすべきで，多言語を援用することが必要である場合には方言を利用するのがよいというものである。」

メタ言語能力の養成のためには，多言語との比較・対照も必要である。しかし，英語以外の言語については，小中学校の段階に持ち込むことは困難である。英語でさえも，小学校の低学年の段階では難しいであろう。しかし，方言であれば，比較的子どもにとっても教師にとっても扱いやすくなる。もちろん，提示や説明が明確にできる，いわば典型的で簡潔な言語事実だけを扱うことになるが，その方がより適切な教材となるのではないだろうか。筆者も (11) と同じ考えであり，それゆえ前述の『MLAですます』という方言を対象とした教材が生まれたのである。

また，本稿では，(2) で示したような認知発達段階と教材内容との関連性については議論していない。現時点では，どの学年の教科書に，どのような文法項目が取り扱われているかという点を根拠として，まずは教材を暫定的に開発してみる。そして，それを学校現場等で実践することによって，その教材の妥当性を検証していく，ということを考えている。認知発達段階とのより精密な対応は，今後の課題である。

# 5. 展　開

前節において，筆者は「言語には独自の体系があり，その仕組みを学ぶことは，外国語教育（特に英語教育）に資するだけでなく，科学構成能力の養成にも貢献する。」と書いた。この点は，大津由紀雄氏の一連の研究やHonda & O'Neil (1993) 等でも述べられてきたことであるが，大雑把に言えば，学際性を目指したものと考えられる。そこで，学際性を目的とした，言語教育以外の領域との連携を模索してみよう。

例えば，教科の面での学際性を考えると，どの教科との連携が考えやすいであろうか。『活用サイコロ』の例を考慮すると，美術との連携が候補として挙がる。この連携は，3.2) でも述べたように，「文法の可視化」を生み出す。文法は，直接的には眼に見えないものである。それを見える形で示そう

第3章　文法ルールの言語教育

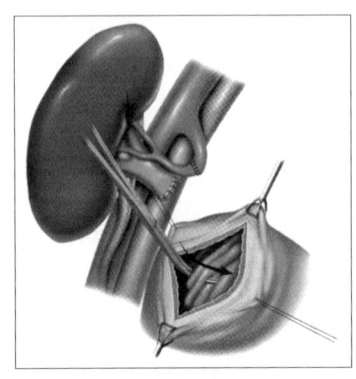

図3-9　メディカルイラストレーションの一例

というものである。この対象となるのは，単語や表記（漢字等）ではなく，文法ルール（文法的な基準）である。具体的には，「つくえ」という文字そのものをどのように形や色を変えようが，それは可視化とは言えない。「活用形には変化する部分と変化しない部分がある」という文法現象を視覚的に示すことが，文法の可視化である。つまり，『活用サイコロ』はまさに文法の可視化の例である。

　実は，医学が美術と連携している例が見られる。医学に関する内容を効果的な絵・グラフィックスで表現した「メディカルイラストレーション（Medical Illustration）」という領域がある。例えば，図3-9は腎移植の一般的な手術テクニックをグラフィック化したものである（cf. Mike de la Flor（2005：53））。

　このように，メディカルイラストレーションは，器官や組織等の解剖図を（直接見えない部分までも含めて）明示するだけではなく，特定の疾病に対する手術の方法・手順を示したり，またはそれらを医学教育に使用したりすることを目的としている。従って，メディカルイラストレーションは，メタレベルでの可視化であると考えられるだろう。＊

　文法においても，同様の領域が設定できる。この領域を，仮に「文法イラ

---

＊詳細は，The Association of Medical Illustrators（http://www.ami.org/，2013年8月21日アクセス）等を参照されたい。

5. 展　開

図3-10　多義性を表したイラスト

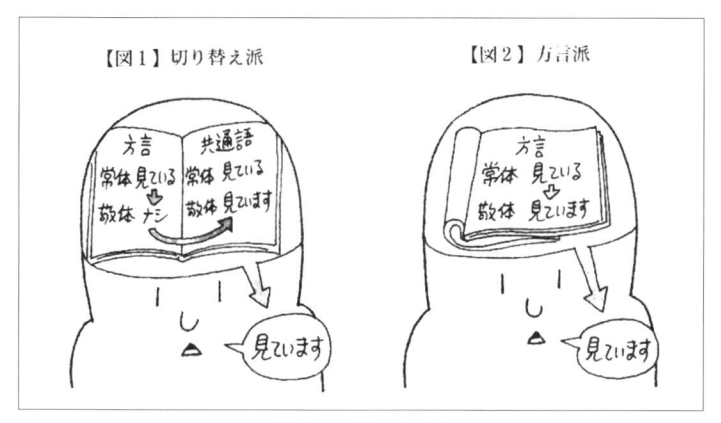

図3-11　挿絵

ストレーション（Grammatical Illustration）」と呼ぶのであれば，その代表例は大津由紀雄（1996b）であろう。図3-10のような例が見られる。

　図3-10は，見開き2ページ分で，1つのトピックとなっている。絵本の形式で，その中に言語データだけを載せていることから，多義性に気づかせることを目的としたものであることが分かる。

　また，村中李衣・有元光彦（1997：144）にある図3-11の挿絵も，文法イラストレーションに含まれるかもしれない。

　図3-11は，共通語と方言が心／脳内にどのような形で入っているのかを説明する文脈で使用されている。従って，「見ている」や「見ています」といった言語データが使用されてはいるが，図3-10のように，言語データだけを示して，文法ルール等に気づかせることを目的としているのではない。

## 第3章　文法ルールの言語教育

　しかし，メディカルイラストレーションが実際に存在する血管や骨などを常時可視化することと，心／脳内の言語の仕組みを，実際には見えないものであるが，可視化することは，同様の趣旨を含んでいると考えられる。*

　さらに言えば，文法イラストレーションだけではなく，もし「文法絵画」や「文法彫刻」といった概念を創造し，それらを集めることができれば，「文法美術館」も構想できることになる。ここには，「文法美術」という領域も生まれるかもしれない。

　また，学校現場では，このような壮大な計画ではなく，ちょっとした教師の問いかけから学際性は始まる。例えば，次のような投げかけが考えられる。

---
（12）副助詞の「〜しか」を絵にしてみよう。

---

　名詞は絵に描きやすいが，助詞は描けるのだろうか。このような問題を考えるだけでも，メタ言語能力は涵養されるのである。

　さらに，「〜しか」のような語彙項目（レキシコン）だけではなく，文法現象も同様に扱うことができるだろう。例えば，「ほん（本）」と「たな（棚）」が引っ付いて複合語になるとき，後ろの語の最初の音が濁音になる，即ち「ほん<u>だ</u>な（本棚）」になる現象がある。これは「連濁（sequential voicing）」現象と呼ばれているが，これを教材として使用できないだろうか。まず連濁現象の仕組みを教えた上で，次に教師が指示するのである。

---
（13）連濁現象を絵にしてみよう。

---

　このような問いかけに対して，児童・生徒はどのような絵を描くだろうか。

　以上のように，「文法イラストレーション」という分野をはじめ様々なレベルで，文法は美術の力を借りて，メタ言語能力の養成をさらに推進できることであろう。

---

＊同様の趣旨を含むものとして，生成文法理論で使用されている樹形図（tree）が考えられる。これは，線形順序，構成素情報，階層構造など，様々な統語情報を含んでいる。さらに，構成素統御（c-command）のような樹形図に参照する概念も提出されている（cf. Reinhart (1976, 1981)）。従って，心／脳内の言語の仕組みを，ある意味可視化したものではなかろうか。ただし，これは言語教育教材としてはほとんど用いられていない。

また，方向性を変えると，文法の可視化があるのならば，文法の味覚化や嗅覚化のようなことまで，問題として考えることができるかもしれない。現在筆者は，連濁現象を材料とした，様々なアイテム・コンテンツとの連携を模索している。例えば，「連濁ソング」「連濁香水」があったとしたら，どのようなものだろうか。さらに，「連濁体操」とは，どのようなものだろうか。体育教育との連携により，言語の身体性の問題までも追究できるかもしれない。このような仮想的な問題を想像することは，馬鹿げたことのように見えるかもしれない。しかし，このような問題を熟考すること自体，我々はすでにメタレベルに立っているのである。

　文法の学際性は計り知れない。様々な領域と連携し，さらに新たな領域・概念を生み出していく。現時点では，その可能性を徹底的に探ることが課題であろう。

## 参考文献

- 有元光彦（1997）「【コラム6】文法くんの一人暮らし」『ふしぎのくにのにほんご』　村中李衣・有元光彦（イラスト：つだ　かつみ）　教育出版　pp.150–159.
- 有元光彦（2009）「メタ言語能力養成を目的とした方言教育教材開発の試み」『やまぐち学の構築』第5号　pp.13–32.
- Denham, K. & A. Lobeck (eds.) (2010) *Linguistics at School: Language Awareness in Primary and Secondary Education,* Cambridge University Press.
- Derzhanski, I. & T. Payne (2010) "The Linguistic Olympiads: academic competitions in Linguistics for secondary school students," in Denham & Lobeck (eds.) (2010), pp.213-226.
- Honda, M. & O'Neil, W. (1993) "Triggering science-forming capacity through linguistic inquiry," *The View from Building 20: Essays in Linguistics in Honor of Sylvain Bromberger,* Hale, K. & Keyser, S.J. (eds.), MIT Press.
- Mike de la Flor 著・桜木晃彦監修（2005）『メディカルイラストレーションハンドブック』ボーンデジタル（*The Digital Biomedical Illustration Handbook,* Charles River Media, Inc., 2004）
- 森山卓郎編著（2009）『国語からはじめる外国語活動』　慶應義塾大学出版会
- 岡田伸夫（1998）「4　言語理論と言語教育」『言語科学と関連領域』（岩波講座言語の科学11）　大津由紀雄ほか編　岩波書店　pp.129–178.
- Otsu, Y. (1987) "Development of metagrammatical awareness in children: Detection of structural ambiguity," *Language and Artificial Intelligence: Proceedings of an International*

## 第3章　文法ルールの言語教育

*Symposium on Language and Artificial Intelligence, held in Kyoto, Japan, 16-21 March, 1986*, Nagao, M.（ed.）, North-Holland, pp.113-122.
・大津由紀雄（1989）「メタ言語能力の発達と言語教育」『言語』18-10　大修館書店 pp.26-34.
・大津由紀雄（1996a）『探検！ことばの世界』　NHK出版
・大津由紀雄（1996b）『ことばのからくり』（絵：藤枝リュウジ）　岩波書店
・大津由紀雄（2008）『ことばに魅せられて　対話篇』　ひつじ書房
・大津由紀雄（2002）「4 学校英語教育は何をめざすべきなのか」『小学校でなぜ英語？』, 大津由紀雄・鳥飼玖美子　岩波ブックレット　岩波書店　pp.47-64.
・大津由紀雄（2009）「国語教育と英語教育——言語教育の実現に向けて」　森山卓郎編著（2009）pp.11-29.
・大津由紀雄（2012）「子どもと言語学」『日本語学』　Vol. 31-13　明治書院　pp. 56-65
・大津由紀雄編著（2009）『危機に立つ日本の英語教育』　慶應義塾大学出版会
・大津由紀雄（2011）『ことばワークショップ』（言語・文化選書26）　開拓社
・大津由紀雄・窪薗晴夫（2008）『ことばの力を育む』　慶應義塾大学出版会
・Reinhart, T.（1976）*The Syntactic Domain of Anaphora,* Doctoral Dissertation, MIT.
・Reinhart, T.（1981）"Definite NP Anaphora and C-Command Domains," *Linguistic Inquiry,* Vol. 12, No. 4, pp.605-635.
・齊藤菊枝（2008）「「ことばの時間」の試み」大津由紀雄・窪薗晴夫（2008）pp.177-188.
・齊藤菊枝（2009）「教育実践報告　子どもの立場で「言語教育」を——先生！　ことばのふしぎをもっと知りたいな」大津由紀雄編著（2009）pp.210-237.
・田尻英三・大津由紀雄編（2010）『言語政策を問う！』ひつじ書房

# 第4章 東アジア伝統社会論と近世日本

森下　徹

## 1．日本の「伝統社会」

　歴史研究ないし歴史教育とはそもそも伝統を対象とするわけで，伝統社会について論じるといっても，それだけではほとんど無意味な言い換えでしかない。ここでとりあげるのは，そうした一般的ないし超歴史的なことではなくて，それ自体歴史的なものとして伝統をとらえようとする方法についてである。そうした課題意識に基づく研究を紹介しつつ，歴史教育との関係を考えてみようと思う。

　まずは日本史研究に即した議論からみてゆこう。90年代に入ってから，従来あった時代区分の方法—往々にして発展段階論をふまえたもの—を再検討しようする動向がみられるようになった。そうした論者の一人尾藤正英は，日本史の時代区分の仕方をつぎのように問題にしている（尾藤1992）。歴史全体の流れをとらえるばあい，ヨーロッパ史で行われている古代—中世—近代の3区分がふつうである。日本もその考えを導入したわけだが，にもかかわらずいつのまにか，古代—中世—近世—近代，の4区分が使われるようになっている。それはなぜかというと，日本史のばあい，中世と近世を一つながりの時代とみることに無理があり，むしろその間に大きな断絶が存在するからだ，という。

　すなわち，古代と中世は荘園制を基盤にするという点では連続性をみるべきだし，近世と近代についても明治維新という変革があるようでいて，社会の実際の組織には変化は少なく，また政治権力についても形を変えつつ生き続けた面が大きい。したがって中世と近世の間にある断絶の大きさを考慮すれば，日本の歴史は2つに分かれ，それをさらに小さく分けると4つになる。つまり3分法ではなくて，2分法ないし4分法でとらえてゆける，というものだった。

　これに従えば，日本の近代ないし現代社会は近世から続く一つながりのも

## 第4章 東アジア伝統社会論と近世日本

のということになる。こうして近世に、いまにつづく「伝統社会」の起点という位置づけが与えられることになった。

あい前後して、日本史に占める近世の位置づけを考えた朝尾直弘もまた、4分法が日本史に独自なものだと、近世と近代との連続性を論じている（朝尾1991）。尾藤と同様に、近世を画期とする2分法で日本の歴史を把握できるというのである。具体的にあげる例を紹介しておくと、たとえば住居では、掘立て柱や東国では竪穴住居さえ残るなかで、17世紀になると床や畳を敷いた住居に庶民も暮らすようになった。「私たちのお尻が離陸して、ほんの400年しかたっていない」。その住居が立つ集落が沖積平野にいっせいに展開するのは近世のことだし、衣服の面でも軽くて肌触りのよい木綿が主流となるのもこのころだった。あるいは食事を一日に3度とる習慣も近世になってできた。このほか自然や社会に対する感覚などにおいても同様のことがいえるという。

朝尾のばあいには、「誤解のないようにいっておけば、2分法でなければならぬというのではない。2分法でもよく観えることがあって、その場合『近世』は現代……にまでつらなっていることがあるというのである」と留保をつけるように、発展段階論はそれとして尊重しつつ、生活スタイルや意識・感覚といった、私たちの日常生活により近いレベルにおけるとらえ方としてのものであり、たしかにその点では納得させられる。

ちなみに、歴史において伝統を問題にするばあい、こうしたものとは別に、「創られた伝統」というとらえ方もあろう。何気なく「日本的」だとか「日本古来の伝統だ」と思い込まれているものには、案外、近代に入って創りだされたものが多い。国民国家創出の過程で、伝統による正統化が不可欠だったという事情があるのだろう。常識化している「伝統」の虚偽性を暴露する、あるいはそれがいかに創作されたかを明らかにしていくことも、歴史研究の重要な役割であることはまちがいない。

ただそうしたやり方でとらえるばあい、「創られた伝統」なるものを、あたかも玉ねぎの皮むきのように1枚1枚剥がしていったあとには、実在の歴史は何も残らないということにもなりかねない。現にある私たちの社会、生

活の仕方，ものの見方や感じ方・考え方，等々のことが実際，歴史的にどうやって形成されてきたのか。そうした意味での，私たち自身の伝統を追及していくと，じつは多くが近世にできており，したがって近世社会を「伝統社会」とみなすことができるという提起は，たしかに積極的なものと思える。

いまあらためて近世という時代が見直され，かつて強かった抑圧的な封建時代というイメージは，大きく変化している。たとえば百姓の生活をこと細かく管理したという「慶安の触書」については，江戸幕府はそのような触は出していないことが明らかになった（山本2002）。あるいは士農工商という身分制度についても，「士農工商」なるものは中国の古典に由来する，東アジア世界共通の職業観であって，日本近世に現実に機能していた身分とは別物だとみなされている（朝尾1992）。さらにまた，五公五民や四公六民といった重い年貢負担も，基準となる石高が一定なのに実際の農業生産は上昇していくから，相対的には軽くなっていくのが理屈である（だからこそ地主が成長するわけだが）。こういったことは，あとでふれる歴史教科書でも一般に見て取れる変化である。

「暗い近世」（朝尾1991）といった時代観にかわって，いまの暮らしに直接つながる時代，いまの社会の原型を作り出した時代として，近世という時代にあらたな光が当てられるようになったということである。

## 2．東アジア「近世」論

ただし，尾藤にしても朝尾にしても，あくまで日本史の時代区分として提起している点が気にかかる。これだけでは昨今批判が強まっている，一国史的な方法の枠内にとどまってしまうのではないか（もっとも朝尾は，東アジア世界のなかで日本近世の成立をとらえることの必要性を訴えてはいる）。

じつは近年，こうしたことは広く東アジアに共通している，との見方が提案されるようになっている。「東アジア近世論」として概括されるものであり，背景には，「西欧発の概念や一国史的枠組みを自明視せずに，東アジア世界の経験に即して歴史像を構想する」という課題意識があるのだろう（歴史学研究会編集委員会2013）。

## 第4章　東アジア伝統社会論と近世日本

　たとえば中国史の岸本美緒は，つぎのようにして東アジアでの「伝統社会」の形成を論じる（岸本2002）。

>　　この「近世」early modern period という語については，80年代以来，新たな議論がなされている。すなわち，15―16世紀以降の国際商業ブームと新興国家の形成など，地球大のマクロな動向のなかで各地の動きを位置付けてみようとする議論である。
>　　……そうした動きのなかで，従来日本史学界のなかで，「封建的」社会体制とのズレを意識しつつも慣用的に用いられてきた「近世」という語の意義が改めて再認識されているといってもよいであろう。16世紀後半から17世紀の日本の統一と幕藩体制の成立も，まさに，商業の活発化，新しい軍事技術の導入，新しい集権国家の形成，という波のなかで行われたものであるからである。……中国内部の社会の性格をめぐって行われてきた従来の議論を離れ，世界史的連関という観点からいうならば，明末から清代の激動を世界的な「近世」初期の変動の一部と捉えることも，十分に可能である。この激動を経て東アジア・東南アジアの諸地域に形成されたそれぞれ個性ある社会体制や生活様式が，のちの時代に，克服すべきあるいは保持すべき「伝統」として捉えられるようになっていくのである。

　15―16世紀には，地球規模のマクロな規模での「激動」がおき，それに規定されて日本でも中国でも「近世」という新しい社会，国家体制ができた。それが近代に入って，「伝統社会」とみなされるようになり，「今日われわれが『日本的』『朝鮮的』などと考える生活様式や社会編成の特質」となったのだという（岸本2000）。尾藤や朝尾がいう「伝統社会」の形成とは，日本単独のできごとなのではなくて，東アジア世界にも共通する動きだったというわけである。

　なお岸本は地域ごとの「伝統社会」のことを，マクロな「共通の衝撃」に対する，それぞれに個性的な対応とみている。対応の仕方は地域によってそれぞれだ，というのだが，それに対して社会の実態レベルでの共通性を見ようとする議論もある。そうしたものとして，朝鮮史の宮嶋博史の論考を紹介しよう（宮嶋2006）。

　これは副題に「日本史研究批判」と付すように，現在もつづく「脱亜」的

## 2. 東アジア「近世」論

日本史理解への厳しい批判がトーンをなしている。そうしたものとして俎上に乗せるのが、マスメディアをとおして人口にも膾炙した網野善彦の議論である。要するにその内容は、南北朝期を境にしてヨーロッパと同様な社会構造の大転換があったとするものであり、その点で中国や朝鮮との違いを際立たせつつ、近代化にいち早く成功できた理由を説明したものだ、というのである。またそれゆえに日本国民の自尊心をくすぐることができ、ベストセラーにもなりえたのだと見立てている。

それに対して、東アジア世界ではほぼ16世紀を画期として、集約的稲作を基盤とする小農経営が確立するという共通の動きがあった。そして中国でも朝鮮でも農業経営から分離した支配層の手で集権的国家支配が確立し、またそのための理念として朱子学が定着した。そうした共通の動きをもって東アジア世界での「近世化」と呼んでいる。社会の基底における小農経営、その上に聳立する官僚制国家とイデオロギーとしての朱子学、そうした共通の内実をもつものとして東アジア近世をとらえたものである。

特徴的なのは、そうした共通の動きがあるなかで、日本が占めた異端性の指摘に他ならない。該当箇所を引用しておこう。

> 中国、朝鮮の「近世化」を以上のように理解するとき、日本の「近世化」はどのようにとらえることができるだろうか。一言でそれを表現すれば東アジア規模での「近世化」という変動に日本は対応することができなかったということ、つまり、日本の「近世化」が東アジア的同時代性を欠いたものであった、ということになる。
> ……なぜ日本においては、小農社会にもっとも適合的な朱子学的体制が形成されなかったのか。それは基本的には、朱子学の理念とあいいれない存在である武士によって、「近世化」が推進されたためである。豊臣政権や、それを継いだ徳川政権による支配の根拠は武威であり、武威による「平和」の実現＝天下惣無事であった。……

中国、朝鮮と同じく小農に基盤を置く社会ではあったが、官僚と朱子学にかわって、武家政権の武威によって社会の「平和」が実現されていた、そうした「負の遺産を自覚することがきわめて重要である」というのである。

こうした東アジア的同時代性を欠いた近世日本、というとらえ方の一方

で，逆に同時代的性格を強調する議論もある。代表的なのは深谷克己の「東アジア法文明圏」である（深谷2012）。始原として古典古代の中華王朝をおき，孔子・孟子や四書五経等々を，ときには勝手な読み替えを伴いながら，同種の言説が普及している広地域圏として東アジア世界をとらえようというもので，日本もそこに含まれるとしている。

そして宮嶋が武威の担い手とした武士についても，治世の末端業務を執行し，治安を守るということを職務とする「四民」（士農工商）の一つである，ただし「四民」の首座として「生活全般に落度のないように行動することを心掛ける人間でなければならなかった」とみなす。武士は，武威を通して力によって民衆を靡かせる支配者なのでなく，行政・治安の担い手という，いわば公務員のような「民」の一つだということになる。

「伝統社会」の起点として近世社会を位置付けることは，日本だけではなく東アジア世界に共通する事態だとの認識は，いまや広く共有されている。そのさい宮嶋にしても深谷にしても，比較史的にみた社会の実態を問題にしている。ただしその結果導かれた日本近世像については，述べたような対局的な評価が併存したままである。日本の「伝統社会」を東アジアの同時代にいかに位置付けるか，あらためて日本近世史研究に課せられた課題となっているわけである。

## 3．中学歴史教科書での近世社会像

如上の動向をおさえたうえで，そうした問題が歴史教育の現場ではどのように取り扱われているのか，つづいて考えてみよう。もちろん全面的な検討はできないので，つぎのように視点を絞ることとする。日本近世の位置づけをめぐる意見の対立においては，以上の紹介から武士の評価が焦点をなしていることをうかがえた。そこでいま，現行の中学校歴史教科書を何点かとりあげ，そのなかで近世の武士が，何を役割とし，どういった性格のものとして描かれているか比較してみよう。

以下，近世の身分支配に関する単元でふれられる武士像を紹介する。なお付言すれば，近世の身分というばあい，述べたように士農工商で説明され

## 3．中学歴史教科書での近世社会像

ることはなくなっており，武士と百姓・町人という大くくりの身分があるとし，あわせて穢多・非人の存在に触れるものがほとんどである。

まず武士が民衆を支配する身分であり，それにゆえに名字・帯刀などの特権を与えられていたとする記述は，つぎのa・bの例にみいだせる。

> a 武士は，多数の民衆を支配する高い身分とされ，名字を名のることや，刀を差すこと（帯刀）などの特権が与えられました。また，同じ武士のなかでも，将軍から足軽まで，上下の関係が厳しく分けられました。(『中学社会 歴史 未来をひらく』教育出版)

> b 武士は，領地や米で支給される俸禄を代々あたえられ，そのかわりに主君に仕えて政治を行い，軍事などの義務を果たしました。武士は，支配身分として名字・帯刀などの特権を持ちましたが，勇気や忠義を求める武士道という厳しい道徳を課されました。(『新しい社会　歴史』東京書籍)

武士と百姓・町人との間に支配—被支配の関係があったことを明言するわけだが，武士の身分的地位・特権は，名字・帯刀という身分表象にかかわる次元で述べられ，「切り捨て御免」のような暴力でもって民衆を圧迫した，などとは書かれてはいない。しかもbでは，厳しい規範の下での行動を求められたとの記述と抱き合わせになって，手放しで特権を享受したわけではないともされている。

またbでは武士の役割を政治を行うことと，軍事的な義務を果たすことと２つに分けて説明するが，なかには前者の点に比重をおいたものもある。

> c 幕府は，武士と，百姓・町人という身分制を全国にゆきわたらせました。治安維持や行政・裁判を担う武士をきわだって高い身分とし，町人よりも，年貢を負担する百姓を重くみました。
> …こうした身分制は，武士の支配に都合よく利用され，その身分は親子代々うけつがれてされました。(『中学社会　歴史的分野』日本文教出版)

cでは，「治安維持や行政・裁判を担う」ことが武士の役割だったことが強調されている。

以上においては，武士の役割について比重の置き方に違いがあったり，支

第 4 章　東アジア伝統社会論と近世日本

配者としての規範が求められたことにふれたものもありつつ,「武士の支配」そのものは前提とされている。しかしその点を相対化した教科書もある。

> d 武士は社会の指導者として名字・帯刀を許され,武士道とよばれるきびしい規範を身につけることを要求されました。本来,武士は武芸に励み,戦いに備えることが最大の仕事でしたが,このころには幕府や藩の役人として政治をにない,治安を維持することが仕事の中心となりました。(『中学社会　新しい日本の歴史』育鵬社))

> e 江戸幕府は秀吉の刀狩りの方針を受けつぎ,武士と百姓・町人を区別する身分制度を定めて,平和で安定した社会をつくりだした。武士は統治をになう身分として,名字・帯刀などの名誉をもつとともに,治安を維持する義務を負い,行政事務にも従事した。
>
> 　こうした統治の費用を負担したのが,生産・加工・流通にかかわる百姓と町人だった。このように,異なる身分の者どうしが依存しながら,戦乱のない江戸時代の安定した社会を支えていた。(『中学社会　新しい歴史教科書』自由社)

　dでは,軍事的な役割から政治・治安維持の担い手へと変化させていったとのべ,武士のことを「社会の指導者」と性格づけている。eでも,武士は治安の維持と行政事務を担当し,百姓・町人といっしょになって社会を支えていたという。ここには武士が百姓・町人を支配していたという視点は意識的に避けられているようである。

　このように,支配者として特権的な地位にあったとするものから,行政担当の役人として百姓・町人と一体となって平和な社会の維持に努めたとするものまで振幅がみられるわけだが,総じて特権的な地位を享受するだけの存在という,一昔前のイメージはみられなくなっている。先の研究動向に絡めていえば,宮嶋が強調する武威による統治,支配という側面よりは,深谷がいうような,行政・治安の担い手として「四民」の首座にある,という武士像が強くなっているといえよう。

　またそうしたことをいいかえれば,武士に求められた社会的な役割,機能から性格を説明していることになる。そしてそれと裏腹の関係で,支配―被

支配の関係は相対化されてゆき，教科書によってはそうした関係自体が存在しないかのように叙述するものさえある。これらの延長には，先の整理にあった東アジア官僚制国家の一つとして，日本近世が位置づくことになるだろう。しかし本当にそれでよいのだろうか。

# 4．日本「伝統社会」の特質；武士の性格をめぐって

　そこであらためて，武士の性格を考えなおしてみたい。日本近世の東アジア世界のなかでの位置をみるうえで，述べたようにその評価が一つの焦点をなしているからである。

　もともと戦闘者であった武士が，「平和」のつづく近世のなかでは官僚化し，社会のあり方にも適合していったとみなされることは多い。たしかに時代劇が描くのは，もっぱらそういった姿となっている。しかしそのことを自明といえるかどうか。たとえばある一つの藩をとらえてみたときに，どういった役所があってどれくらいの「役人」がおり，武士の何割ぐらいが役所勤めだったのか。一般的な役割や機能の解説ではなく，実態に即したあり方が知りたいと思っても，そうした素朴な疑問に答える研究は実は意外に少ないのである。

　いま萩藩に即してこの点をみてみることにしよう。萩藩は，関ヶ原合戦後，西軍の総大将だった中国8ケ国の大大名毛利氏が，敗軍としての責任を問われ防長2国（いまの山口県）に大幅に削減されることで成立した藩だった。幕末維新期に倒幕勢力の中心となったことはいうまでもないし，本州の西の端という辺境に位置しながら，なぜ幕府を倒すことができたのか，といった関心からの研究がこれまでくりかえしなされてきた。

　日本史研究においてこの藩が有名なのには，もう一つ理由がある。それは藩庁で作成された行政文書，藩庁史料が大量に伝来していることである。江戸時代ざっと270年ほどの間に，全国に260余りあった藩では多くの文書が作成され，業務の参考とするために整理・保管がなされていた。近代に入り藩という組織が解体したあとも，家史編纂などの目的で意識的に管理が続いた

こともあって，幸い散逸を免れた史料群はいくつもある。とりわけそうしたなかでも，毛利家文庫とよばれる萩藩の藩庁史料群は，質量ともに全国屈指のものといってよく，管理・公開している山口県文書館には全国からの研究者の来訪が絶えることがない。山口県下における歴史教育の現場でも，この史料群は教材としてもっと活用されてよいのに，と常日頃感じているところである。

　一般に藩庁史料は内容からいって，領内統治にかかわって作成されたものと，家臣団統制の必要によるものとに大きく２分することができる。うち後者を使って，萩藩に所属する武士たちの性格を概観してみよう（以下の詳細については，森下2012を参照のこと）。

## 武士の経済基盤

　一般に藩の史料のなかには，いまでいう官庁や企業の職員録に相当する，給録帳が残されるばあいが多い。萩藩ではこれを数年おきに作り変えており，毛利家文庫のなかに近世初めからの分が，ほぼ連綿として伝わっている。つまり近世を通じた全家臣の名簿を再現できるのであり，これだけでも貴重なものである。

　これが職員録とちがうのは，給録帳といったように，個々人の給録が記載されることである。そのばあい，一口に給録といっても，「知行（ちぎょう）」を与えられるものと，「切米（きりまい）」という俸禄だけを与えられるものとがある。一般には後者は下層の部分にあたるので，ここでは家臣団の中核をなす「知行」給付のものを取り上げよう。

　いま1670年代の給録帳から３名分の記載例を抜き書きしてみた（毛利家文庫「給録」114「分限帳」）。

```
a 一五百石　　　　　神村三郎兵衛
　　　　　　　　吉敷郡平井
b 一三百石　　　　　宇野五郎兵衛
　　　内
　　　　百石　　美祢郡山中
　　　　百石　　吉敷郡浅田
```

## 4. 日本「伝統社会」の特質：武士の性格をめぐって

```
     百石      浮米
c 一弐百石         村上弥右衛門
         浮米
```

　まず a 神村三郎兵衛は，吉敷郡平井というから，山口大学のすぐ近くの村を知行地として与えられている。年貢としてはこのうち50％を徴収することになっていた。

　つぎの b 宇野五郎兵衛は，300石の「知行」を有するから，年貢としてはやはり50％分の150石を徴収した。ただしそれらは3等分して，美祢郡と吉敷郡の二カ所に100石ずつを与えられ，残り100石分は「浮米」とされる。「浮米」とは，実際に知行地を与えられるのではなく，藩から年貢相当額を給付されるものをいう。100石の知行地については，相当する年貢50％分＝50石の米を「浮米」として支給された。

　最後に，c 村上弥右衛門は200石の「知行」すべてをこの「浮米」で与えられている。藩庫から毎年50％分，100石の米を給付されたのである。

　このように「知行」といっても，a「知行地」として領内の村（および百姓）を与えられるものと，b 藩から年貢相当の米だけが支給されるものとに2分されている。前者ならば領地と領民を有する領主そのものだが，後者はその点が形式化していて，実質的には俸給を受け取るのと変わらないことになる。それでも，給録帳では単に俸給をもらうのではなく，「知行」を有するものとして搭載されている。形のうえだけではあれ，やはり領主としての体裁をとっているのだった。

　いうまでもなく，中世までの武士とは，城や館を構えて自らの領地と領民を支配するものだった。近世においても，大名の家臣であるとはいえ，そうした武士本来のあり方が温存されていたといえよう。ただし，中世までのように自らの力で維持できたのではない。藩という組織に属し，大名の家来となることによって，いわば上からの保証があってはじめて可能なことだった。その点は中世までの武士と決定的に異なることではあるが，それでも家臣とは，領地と領民を有する領主としての本質を保持するものだった。単に

業務に応じた俸給を与えられるだけの存在ではなかったのである。

## 家臣団組織の構成

つぎにかれらがふだん属していた家臣団という組織をみてみることにしよう。こんどは，1652年の給録帳をとりあげてみる（毛利家文庫「給録」22「分限帳」）。ちょうどこの前年，関ヶ原合戦以降その地位にあった藩主が死去，跡をまだ幼少だった藩主が襲うことになった。そうした実情をみて，藩政をバックアップすべく江戸幕府から国目付（くにめつけ）という監察官が派遣され，また藩政の仕組みもさまざまに改められることとなった。家臣団組織もこのとき作りなおされ，それが幕末まで維持されていた。その意味で近世における組織の原型をなすと判断できるからである。

ここには以下の順で家臣団が搭載されている。

> ・支藩主（長府・徳山・岩国藩） 3名
> ・一門（宍戸・毛利五家・福原・益田） 8名
> ・寄組（よりぐみ） 12名
> ・江戸定詰（じょうづめ） 18名
> ・手廻組（てまわりぐみ） 2組48名
> ・物頭組（ものがしらぐみ） 25名
> ・大組（おおぐみ） 8組664名
> ・船手（ふなて） 3組37名

支藩の長府・徳山・岩国3藩は除いて考えると，萩藩（本藩）の最上層には藩主毛利氏の係累およびそれに準じる8家があった。これらは平均すると7500石のまとまった知行地をもっており，また陣屋（御他屋（おたや）とよぶ）と陣屋町を有する，独立した小大名のような存在だった。つぎの寄組は平均2000石という，上級家臣のグループであり，ここからつぎにみる大組の頭も選ばれている。このあと江戸詰めの18名がつづき，さらに手廻2組と物頭組がみえる。前者はいざ戦争になったら藩主の身辺を護衛する旗本部隊だった（平均230石）。また物頭組とは弓や鉄炮を操作する足軽部隊の指揮官をいった。

そしてこれらにつづく大組は，数のうえでも断然多く，これら「知行取」家臣の4分の3を占める，中核部隊だった。1組80人強とほぼ均等な8つの

## 4．日本「伝統社会」の特質：武士の性格をめぐって

組に編成されていた。

さらにこれらと別に水軍である船手組もあり，そのあと「切米」給付の下層のものがさまざまにつづくが，煩瑣に渉るので省略する。

これがふだん家臣団が所属していた組織にほかならないのだが，その特徴は戦争への動員を前提にしていた点にある。近世の軍団は，「備」とよばれる戦闘集団の組み合わせからなっており，各「備」には，弓，鉄炮，騎馬などの戦闘要員が配置されていた。そして給録帳にみえる如上の組織とは，大組8組がそれぞれに「備」を構成，寄組が指揮官として配属され，また物頭数名が弓足軽・鉄炮足軽を率いて従う。別に藩主の旗本を手廻組が随従する。こういった戦闘組織にそのまま転用できるものだった。

このように，軍事組織がそのまま平時の家臣団組織をなしていた。戦争体制が「平和」な時代にもずっと持続していたということである。

## 家臣の日常業務

そしてふだんの家臣の勤務も，この組織を基礎にしてなされていた。

いま中核部隊である大組に即して勤務のようすをみてみよう。まずあったのが，江戸屋敷に交代で詰めることだった。8組は基本的に1年交代で1組ずつ江戸屋敷に派遣されていた。萩藩は江戸での滞在拠点として，桜田に上屋敷（いまの日比谷公園），麻布に下屋敷（同じく東京ミッドタウン近辺）を有していたが，それぞれの御殿の一角には「大番所」が置かれている。江戸に派遣された大組は，番頭の指揮の下，ここに宿直して御殿を守り，藩主の身辺を警護した。江戸へ詰めることを江戸番手とよんだように，番，すなわち警護を内容とする勤めだった。

ただしこれは1年交代だから，単純に考えれば8年に1度しか回ってこない計算となる。では残りの期間は国本で何をしていたのか。もちろんかれらは城下町にいて暇を持て余していたわけではない。国本には国本の勤めがあった。その中心は城番である。萩城本丸御殿の入り口近くには，やはり「大番所」があった。ある時期の絵図でみると，24畳敷と30畳敷の2間続きであり，それに番頭部屋や夜着部屋が付随している。ここに国元に残った7組が月交代で詰め，やはり御殿の巡回や宿直をしていた。もちろん1組80名ほど

なので、全員が泊まることはできない。組のなかをさらに2組に分け交代で当番にあたった。

さらに城番が当たらない月には何をしているかというと、火消番といって火事に備えた務めがあった。一旦火事が起きると、火元へ向かい消火に当たる組と、城を守る組などいくつかに役割分担されている。もちろん火事が日々起きるわけではないから、実際に出動することは少なかったのだろうが、それでもいつでも駆けつける用意を整えておく必要はあったのである。また別に、城下で刃傷事件などが起きて犯人を捕縛する必要があるときには、組ごとにあらかじめ定まった箇所に出向いて、城下を封鎖する役割もあった。

こうしてみてみると、家臣がふだん務めるのは、警護を始めとして軍事的な性格の強いものということができよう。そしてこうした業務は、給録帳の組織に即して、たとえば大組ならば8組それぞれを単位としてなされた。給録帳の組織とは、これら軍事的な勤務に対応するためのものでもあった。

このように家臣の中核部分は、戦闘要員としての性格を強く保持していたとみることができる。

**役所勤務**

では一方で、役所にはどういったものが行政官として勤めていたのだろうか。さきに連綿として残っている給録帳のことを職員録に譬えたが、厳密には役所＝行政組織に勤務するもののリストこそをそうよぶべきだろう。それがあれば役所の構成もたちどころに把握できるのだが、残念ながらそうしたものは残っていない（作られることもなかったのだろう）。簡単なようでいて、藩の役所の全貌を把握することは実は困難なのである。そこで数少ない手がかりとして、1669年に家老の国本支配のために作られたと思われる、役所と役人のリストをみてみよう（東京大学史料編纂所益田家文書52（12）「御用人付立」）。

これは萩における役所ごとの役人の定数を定めたものである。そこには物資の調達や、現金の管理・貸出など、藩庁を維持するための役所である蔵元、城や諸施設の営繕にあたる御木屋、文字通り武具の管理にあたる武具

## 4．日本「伝統社会」の特質：武士の性格をめぐって

方，萩市中（町人）の支配にあたる町奉行所，領内（百姓）の支配にあたる郡奉行所などの役所が書き上げられ，それぞれがまたいくつもの専門部署に分かれていた。

ではいったいこれらを誰が担当したのか。このリストにあがる役人は合計100人ほどであり，別に補助をする足軽や中間クラスのものが同じくらい配属されている。そして，蔵元，御木屋，武具方などそれぞれの総責任者には，大組のなかでも中堅層から任命されている。しかしその配下の諸役所となると，役人として詰めるのは，大組のなかでも下層のもの，あるいは「知行取」ではない，家臣団全体のなかでも下層クラスなのだった。

もちろん行政機構自体は，時期が下るにつれ複雑化し，規模も大きくなったであろう。ここに書きあげた役所はその数をもっと増していったはずではある。しかしそれでも，いまのべたこと—全体の責任者は中堅層だが，諸部署の実務担当は下層が多い—は変わらない特徴だった。また大組に則せば，番の務めではなく役所に配属されたのは，せいぜい1〜2割ほどと判断できる。

こうして家臣団のうち中核部隊の多くは，役所勤めとは関係なく，先にのべた番への従事をもっぱらその業務としていたわけである。

　　　　　＊　　　　　　　　＊　　　　　　　　＊

こうして萩藩に即してみると，武士（家臣）とは中世以来の領主としての体裁を保持し，ふだんも警備などの軍事・警察的な業務に就くものが大多数だった。そうである以上，近世の武士が，軍事にかわって行政や治安への従事を本務にしていたとは，単純にはいえなくなる。むしろ家臣団という組織自体は，軍事的な機能を果たすものとして存在し続けたことになろう。近世の武士のことを官僚化したとみたり，ましてやサラリーマンになぞらえることには慎重であるべきだと思う。

したがってまた，そうした家臣団が武士の集団として領民たちと相対してしていた近世社会にあっては，武威のもつ重みは大きかったはずである。最近の教科書の傾向とは逆に，武士が支配者であり，しかも本質的には軍事力によって社会を統治している，そのことの特異さこそが注目されるべきでは

第4章　東アジア伝統社会論と近世日本

あるまいか。日本の「伝統社会」にはそうした歴史が母斑として付されていたというべきだろう。

　この他，小農経営のあり方，あるいは地域社会の成り立ちなど，考察すべきポイントは他にもいくつかある。なかでも日本近世が村と町という地縁的（かつ職能的な）団体を基礎に成り立っており，そのことが社会を特徴づけていたとの指摘は重要であり（朝尾1991），おそらく中国，朝鮮とは社会の基盤のところで異なっていたと思われる。

　それらの丁寧な検討をふまえれば，日本が東アジア世界に占めた個性的なあり方も浮き彫りとなろう。「脱亜」を恐れるあまり共通性だけをデフォルメするのではなく，事実に即して日本史における「近世」という時代，あるいは「伝統社会」を東アジアのなかに位置づける。こういった比較史の目をもって，日本史の授業も構想されるべきではないだろうか。中国，朝鮮，あるいは他の東アジア諸地域の研究者に，ご意見をうかがってみたいところである。

**参考文献**
・朝尾直弘（1991）「近世とは何か」，『日本の近世１　世界史のなかの近世』中央公論社．
・朝尾直弘（1992）「近世の身分とその変容」，『日本の近世７　身分と格式』，中央公論社．
・岸本美緒（2000）「現代歴史学と『伝統社会』形成論」，『歴史学研究』742号．
・岸本美緒（2002）「歴史変動と時代区分」，歴史学研究会編『歴史学における方法的転回　現代歴史学の成果と課題　1980—2000年』，青木書店．
・尾藤正英（1992）『江戸時代とは何か』，岩波書店．
・深谷克己（2012）『東アジア法文明圏の中の日本史』，岩波書店．
・宮島博史（2006）「東アジアにおける日本の『近世化』—日本史研究批判」『歴史学研究』821号．
・森下　徹（2012）『武士という身分—城下町萩の大名家臣団』，吉川弘文館．
・山本英二（2002）『慶安の触書は出されたか』，山川出版社．
・歴史学研究会編集委員会（2013）「特集によせて」『歴史学研究』906号．

# 第5章 「伝統や文化」の教育における論点と実践課題；小学校社会科教育の題材から

吉川幸男

## 1.「伝統や文化」の教育をめぐる問題の所在

　「伝統を教える」とはいかなることを意味するのであろうか。この問いに答えるのは容易ではない。今日，教育政策的には「伝統や文化」の教育が様々な場で推し進められようとしているが，この問いに対する共通の合意が形成されているようには到底思われない。

　一例をあげれば，中学校の保健体育科では武道が必修化され，柔道，剣道，相撲のいずれかを指導することになり，音楽科では民謡や長唄などが「我が国の伝統的な歌唱」として取り上げられる。いずれも「伝統や文化に関する教育の充実」として教育課程上打ち出されてきた題材と考えられる。しかしながら，武道の何が，あるいは民謡や長唄の何が「伝統」なのか。そしてこれらの題材をもとに行う教育活動の目標とは，武道や民謡・長唄が「できる」ようになることなのか，あるいはそれらの文化的価値や意義を理解することなのか。

　これらの題材が内包する「伝統」は単純ではない。武道の中から柔道を例にとると，周知のようにこの競技は，その成立経緯こそ明治期に嘉納治五郎によって創設されたとされている。しかし現在では日本よりはるかに競技人口の多いフランスを始め特にヨーロッパ諸国で人気が高く，オリンピックの種目にもなっている。このような世界的に普及しているグローバルなスポーツの何をもって「伝統」と解するのか。明治の日本で成立したことか。世界的に普及させた先人の努力をみるべきなのか。柔道成立以前の古来の武術はどう位置付けるのか。また一方，長唄を例にとると，周知のようにこの音曲は江戸時代に歌舞伎と一体的に発展してきたものとされている。このような場合の「伝統」とは何か。伴奏音楽としての歌舞伎との関係か。三味線を伴

第5章 「伝統や文化」の教育における論点と実践課題；小学校社会科教育の題材から

う独自の「歌いもの」としての発展か。そして，これら柔道や長唄の「伝統」をいかに理解するとしても，それらを取り上げる教育とは，その「伝統」の「担い手」を育てるのか，「理解者」を育てるのか，あるいは「支援者」，「変革者」か。

このように「伝統や文化に関する教育」として取り上げられる題材を個々に検討すると，そこに浮上してくるのは「伝統」という概念のゆらぎ，流動性である。教育行政から例示されている題材においても，その題材の何が，なにゆえに「伝統」とされるのか，他の題材では「伝統」とされないのか，ここには多様な基準が設定可能である。そしてこのことはまた「伝統や文化に関する教育」の名のもとに，さまざまな「伝統」概念の解釈による多様な教育活動が，多様な教育目標を設定して行われ得ることを意味する。

本稿の目的は，この実に多義的で流動的な「伝統や文化に関する教育」の内実を解明し，そこに教育実践上どのような論点や課題，実践のための選択肢が存在するのかを明らかにすることにある。そのための題材としてここでは，小学校の社会科を取り上げる。小学校社会科の題材を取り上げるのは，近年の「伝統や文化に関する教育の充実」が求められる以前から地域の歴史や伝統文化，伝統工業などをグローバル化の動きに対峙する観点から扱ってきたのが小学校社会科であり，伝統文化の教育としては教育実践の蓄積が比較的豊富にあるからである。例えば昔からある地域の商店街や個人商店を大規模小売店舗の進出の中で扱う，あるいは地域の伝統工業の後継者問題を扱う，あるいは地域の昔からの農産物を輸入自由化の中で扱う，など小学校社会科の内容はまさに「伝統とグローバル化」を対比軸として学ぶ機会がきわめて多い。このような中で何が「伝統」として扱われ，何を目標に指導されているかを探ることを通して，上述の選択肢や争点が浮き彫りになってくるであろう。

## 2．教育政策の動きと教育実践的課題
### 1）教育基本法の改正（2006年）と学習指導要領の改訂（2008年）

　今日，日本における「伝統や文化に関する教育」を論ずる場合，直近に行われた教育基本法改正（2006）と学習指導要領改訂（2008）にふれないわけにはいかない。現在の日本の学校教育カリキュラムで「伝統や文化」の扱いはこの教育政策的脈絡に大きく規定されているからである。

　改正前の教育基本法には「伝統」という語は登場しない。これに対し改正後は，前文と第二条（教育の目標）に「伝統」が以下のように盛り込まれた。

> 前文：我々は，この理想を実現するため，個人の尊厳を重んじ，真理と正義を希求し，公共の精神を尊び，豊かな人間性と創造性を備えた人間の育成を期するとともに，伝統を継承し，新しい文化の創造を目指す教育を推進する。
> 第二条の五：伝統と文化を尊重し，それらをはぐくんできた我が国と郷土を愛するとともに，他国を尊重し，国際社会の平和と発展に寄与する態度を養うこと。

　「伝統」という語はこの改正に先立ち，教育基本法の見直しを提言したとされる諮問機関「教育改革国民会議」が2000年にまとめた報告書の中に現れ，そこでは「学校教育においては，伝統や文化を尊重するとともに，古典，哲学，歴史などの学習を重視する。また，音楽，美術，演劇などの芸術・文化活動，体育活動を教育の大きな柱に位置付ける」とされている。[1]

　ここで留意すべきこととして，以上のような法令文，及び改正に至る提言をみても，「伝統」の概念規定は明示されていない。何をもって「伝統」とよび，「伝統」と「文化」がどのような関係にあるのかに関する本質的な分析や論点が提示されているわけではない。[2]

　この改正を受けて，改訂学習指導要領では「総則」の記述に「伝統と文化を尊重し」という文言が入り，各教科の教育内容に手が加えられた。中央教育審議会答申「幼稚園，小学校，中学校，高等学校及び特別支援学校の学習指導要領等の改善について」（2008.1.17）と題する教員向けパンフレットで

第5章 「伝統や文化」の教育における論点と実践課題；小学校社会科教育の題材から

は，「教育内容に関する主な改善事項」として「言語活動の充実」「理数教育の充実」「道徳教育の充実」「体験活動の充実」とともに「伝統や文化に関する教育の充実」として，以下のように述べられている。[3]

　○国際社会で活躍する日本人の育成を図るため，我が国や郷土の伝統や文化を受け止め，それを継承・発展させるための教育を充実する必要がある。
　○国語科での古典の重視，社会科での歴史学習の充実，音楽科での唱歌・和楽器，技術・家庭科での伝統的な生活文化，美術科での我が国の美術文化や保健体育科での武道の指導の充実を図る。

　この記述をみる限り，学習指導要領は改正教育基本法及びそれに至るまでの提言の表現を，ほとんどそのままの形でかなり忠実に取り込んでいる。そして「伝統」の概念規定を明示しない点もそのままである。

## 2）「伝統や文化」の教育実践に向けての検討課題

　以上のように教育政策上の法令関係文書をみる限り，何が「伝統」なのか，その「伝統」とされるものを教育で取扱う際の具体的到達点をどのように設定するのか，など「伝統」の概念に関して，教育実践上の方向が明確になる程度まで論及した跡はみられない。

　一方，学習指導要領の改訂趣旨からみれば，「伝統や文化に関する教育の充実」に関しては，上述のパンフレットを見ても，このことが改訂の要諦に位置付けられるわけではなく，中心は「生きる力」及びそのための「基礎的・基本的な知識・技能の習得」と「思考力・判断力・表現力等の育成」におかれている。「伝統や文化」はそのために学校で学ぶ内容を充実させる一要素として「言語活動」「理数教育」「体験活動」等と同列におかれている。

　「思考力・判断力・表現力等の育成」のために「言語活動」「理数教育」が重要な意義を有することは，学習指導要領解説や上述の公式パンフレット等で理解できる。「道徳教育」「体験活動」も「生きる力」を構成する「豊かな人間性」に直接関与するものであろう。しかし「伝統や文化」に関しては教育基本法改正に伴う「後付け」的な扱いという印象を免れない。「伝統や文化に関する教育」と，「生きる力」を構成する「思考力・判断力・表現力」「豊かな人間性」などとはどのような関係にあるのか明示的には説明されていな

い。国語科，社会科，音楽科，技術・家庭科，美術科，保健体育科で取扱うべき素材・対象は列挙されていても，それらの何がどのような意味で「伝統や文化」にあたり，「それを継承・発展させる」とはどのような中味をいうのか，またその「継承・発展」が「生きる力」にどう結びつくのか，疑問は尽きない。

　このことは，「伝統や文化に関する教育」に関しては，理論レベルでは教材論（何が「伝統や文化」なのか）及び内容構成論（「伝統や文化」で何を学ばせるのか）が明らかに欠落していることを意味する。しかし逆の見方をすれば，「伝統や文化に関する教育」として何を取り上げ，何を学ばせるかに関しては，理論的には開かれているのである。そして，この開かれている部分こそ，様々な試みがなされ，議論が交わされるべき実践研究領域といえるであろう。

## 3. 小学校社会科における「伝統や文化」教育実践の二極化

### 1）山口県の事象を取り上げた「伝統や文化」の実践10事例

　ここでは，山口県の場合を例に小学校社会科の実践事例を検討することを通して，「伝統や文化」の教育として何が取扱われ，何が学ばれているのかを探ってみよう。

　山口県においても「伝統や文化」を扱った小学校社会科の事例はきわめて多く報告されているが，ここではその中から山口GENKI教育サークル『社会科で育てる新しい学力２伝統・文化の継承と発展』（明治図書2008）にまとめられた10例を取り上げてみよう。ここに報告されているのはいずれも山口県小学校の実践者による「伝統・文化」を意識した授業事例であり，本書の「はじめに」で「この「伝統・文化」を社会科教育という視点から切り取り，新しい社会科において「伝統・文化」の学習が必要な理由や授業モデル，授業づくりのための基礎トレーニングについて本書で提案している」[4]とされているように，対象読者は今から「伝統・文化」の実践に取り組む若手・中堅教員とみられる。すなわち「理論書」ではなく，具体的事例提案であ

第5章 「伝統や文化」の教育における論点と実践課題：小学校社会科教育の題材から

り，それゆえにこれらの事例を検討することを通して「伝統や文化」に関する教育の学校現場での解釈や受容の実態を明らかにすることができる。
　まず，ここに報告されている10例の実践事例を列挙してみよう。

①大手スーパーとコンビニを見学した後，しめ縄を作っている個人商店を見学し，大手スーパーやコンビニと対比することを通して80年続いている秘密を商店主と徹底してかかわることを通して探っていく授業（pp.33-40）

②江戸時代に建設された潮音洞（周南市）と，施工した岩崎想左衛門を取り上げ，岩山を掘った理由や道具・方法などを調べ，水不足に悩んでいた郷土の人々の願いに対し，困難な諸条件を克服して水路を切り開いた先人の知恵と努力に迫る授業（pp.41-48）

③山口県の4つの伝統工芸品（萩焼，大内塗り，赤間硯，柳井縞）を調べ，それぞれに関する人々の思いや願いを交流し合い，それぞれをＰＲする方法や継承・発展を呼びかける授業（pp.48-56）

④学校に残る「青い目の人形」の由来に着目し，このような「ふるさとに残る宝」を地域の調査や見学などで調べて考えをまとめ，「ふるさとの宝」として受け継ぎたい「宝」を話し合う授業（pp.56-64）

⑤自宅にホームステイを受け入れた人の話を聞いた後，外国の友達が自宅に一週間ホームステイするという設定のもとで，友達の国について調べ，一週間のスケジュールを作る授業（pp.65-72）

⑥地域の農家に見学に行き，ジャガイモの栽培方法，朝市出荷の仕方を教わり，学校でもジャガイモ作りや朝市への出荷を体験し，その収入でカレー作りを行う授業（pp.72-80）

⑦地域の特産品や郷土料理を取り入れた「山口まるごと弁当」を企画し，メニューや食材を気候や自然，歴史的条件からグループで調べ，プレゼンを通してクラスで一つの弁当にまとめ，そのレシピを栄養士の先生に聞いて実際に食材を購入し，作り味わう授業（pp.80-88）

⑧下関名産の「ふく」に関する情報を集め，下関にふくが集まる理由を調べ，発表した後，工場を見学し，「ふく」以外の海産物にも注目して下関のBEST3を話し合い，CMを作る授業（pp.88-95）

## 3．小学校社会科における「伝統や文化」教育実践の二極化

⑨地域の昔話を読み，その場所のイメージを絵や文で表現した後，その場所を探検して自然や暮らし，生活文化などを調べ，わたしたちの町の自然や暮らしを紹介するPR作戦を発表する授業（pp.96–104）

⑩江戸時代に文化の発展に尽くした人々の業績を調べ，地域の歴史家とフィールドワークを通して，地域の学問所の郷校徳修館（周南市）や地域に受け継がれる人形芝居を学ぶ授業（pp.104–112）

### 2）2つの「伝統」観とその教育実践

以上の10事例においては，何が「伝統」と解されているのか。はからずもここには，2つの非常に対照的な「伝統」の解釈がみられ，異なる「伝統」観に立脚して授業実践がなされていると考えられる。この10事例は大別して次の2つの型に類別できる。

　第一の型は，「人の行為」から「意味」を汲み取らせる教育実践である。

　10事例のうち，①②③⑥⑨⑩がこの型に属する。これらの事例には，「伝統」認識の一つの原理が明確に打ち出されている。意識的な目的をもった人間の行為があり，学習者はそれがある程度集まることにより「人々の願い，努力」としてとらえ，さらにこれらを時間軸で集積することによって「先人の知恵」や「受け継がれる」ものとしてとらえていく。「伝統」とは人の意識的な行為の集積によって築かれるものであり，その過程を追体験的に構成し一連の行為の「意味」を汲み取らせるのが授業実践ということになる。

　学習過程を追体験的に構成する場合に最も効果的なのは，人間の願いや行為にふれることであるので，この型の授業では実地見学や体験的活動が前面に出ることが多い。その活動の中で「人間の願いや行為」が一定の価値を有するものであることを理解するため，いずれの事例でも「その場の状況」が具体的に設定される。例えば①では個人商店の見学の前に大手スーパーやコンビニの見学が設定され，規格的に大量流通する商品市場の中での個人商店の価値を，②では地形的に困難な条件下での水路建設の価値を，③では機械化生産が一般化する中での手作りの価値を，それぞれ理解するように学習活動が組まれている。また⑥では農家に人とともにジャガイモ作りを体験し，⑨⑩では地域に伝わる文化が生まれた時代状況を理解するように設定されて

第5章 「伝統や文化」の教育における論点と実践課題；小学校社会科教育の題材から

いる。いずれも「その場の状況」を体感するための見学や体験的活動といえる。

　このような授業はいわば古典的な意味での「歴史主義」に立脚している。ここでの「伝統」認識の特徴は，対象を固定し，当事者の内面に入り込み，そこにおける行為の集積という「時間軸」に沿った物語としてのとらえ方をする点にある。このような認識原理は物語上の登場人物を追っていくことになるので理解が容易で，特に年少の子どもには受容されやすい。しかし反面，この認識過程に関して従前からいわれてきたように，当事者の立場から離れ，より客観的に「伝統」をとらえようとする場合には限界がある。

　第二の型は，「ある集合体」の個性・特色を考えさせる教育実践である。

　10事例のうち，④⑤⑦⑧がこの型に属し，「伝統」認識のもう一つの原理を見出すことができる。ここでは，何が「伝統」かが初めから決まっているわけではない。例えば④では何が学校の「宝」か，⑤では何が外国の友達に紹介するのに適切か，⑦では何が山口の弁当としてふさわしいのか，⑧では何が下関のBEST 3かなど，各々の観念の中にある「らしいもの」「価値ある特徴」を出し合い，共通の「伝統」理解を作り上げていく。そのための方法として「調査」と「話し合い」が中心になる。できるだけ多くの類例を調べ，その中から価値あるものを選び，話し合うことになるので，そこには各々がもつ「伝統」としての価値基準が表出する。「伝統」とは実体として存在するものではなく，それを認識しようとする者が観念的に構築する解釈であり，その解釈を相互に交換しあうことを通して共通の解釈を創り出していくのが授業実践ということになる。④⑤⑦⑧のいずれも，終結は共通の解釈の創出である。

　ここでの「伝統」認識の特徴は，対象を広げ，複数の対象を外から第三者的にみて，それらの間での対比という「ヨコ軸」のとらえ方をする点にある。このような認識原理は「伝統」を問い直し，独自にとらえ直す点でより探究的で開かれているといえる。しかし反面，子どもの生活経験の薄さなどの要因もあり十分なとらえ直しができず，表面的な共通性のみによる皮相な「伝統」認識に陥る可能性もある。

## 3）二極化する日本の「伝統や文化」教育

　山口県の小学校社会科実践にみられるように、「伝統や文化」の教育には二つの対照的な「伝統」のとらえ方が併存する。一つは「先人の行為集積」を「伝統」とみなす実在的・実体的な「伝統」のとらえ方であり、もう一つは「集合体の共通性向」に関する「解釈」としての「伝統」のとらえ方である。前者では「行為」「意味」「努力の物語」が認識の原理となり、後者では多くの類例の中での「共通性」「差異性」が認識の原理となる。

　しかし教育実践の現状においては、この二つの「伝統」をとらえる際に、それぞれに課題が現れている。前者においては認識過程が閉ざされている。大人たちが「伝統」ととらえたものを子どもたちに体験させ、大人たちがとらえたものと同じ価値を子どもたちに発見させようとする。このため、「伝統」は時代に応じて新たに変形したり生まれ変わったりするような生きたダイナミズムを失って固定化し、古いだけで現代に関わりのないものととらえられやすくなる。一方、後者においては認識過程は開かれているものの、「何が伝統か」は結局のところ個々人のとらえ方に帰着するため、社会構成員に共通の「伝統」を共有することが困難になる。

## 4．「伝統や文化」の教育における二層的な目標設定

　何が「伝統」かをめぐって教育実践レベルで2つの考えが並立する一方、「伝統や文化」に関する教育の具体的目標としてはどのように設定され得るのであろうか。一般に「伝統や文化」とされる題材を取り上げたとしても、子どもたちをどのような段階に到達させるのかに関しては教師側に何らかの判断基準が必要となる。

　ここでも一つの小学校社会科の授業事例を取り上げてみよう。これは山口大学教育学部附属山口小学校で社会科の研究授業として実施された、山口市に伝わる鷺流狂言を取り上げた授業である。[5] 鷺流狂言は一般には地域の伝統文化と見なされている題材であり、この授業をもとに、いかなる目標設定が可能かを探ってみよう。

第5章 「伝統や文化」の教育における論点と実践課題；小学校社会科教育の題材から

　この授業では，子どもたちが山口鷺流狂言と出会い，その上演を見たり無形文化財保存会の人々と接する中で，実践者は山口鷺流狂言に関する疑問を表出させている。実践者によれば，その疑問を類別すると，次の3種類の疑問に分けられるという。[6]

A．鷺流狂言そのものに関する疑問

　「山口鷺流狂言は，いつから始まったのか」「なぜ，鷺流というのか」「狂言とは何か」「大蔵流や和泉流と鷺流の違いは何か」「舞台の老松には，意味があるのか？」「山口鷺流狂言のよさや特徴は何か」「なぜ，県の無形文化財に指定されたのか」「なぜ，鷺流は全国に山口，新潟の佐渡，佐賀の3か所しか残っていないのか」

B．山口鷺流狂言保存会に関する疑問

　「衣装は，どうしているのか。お金はどうするのか」「保存会は，どんな活動をしているのか。若い人はいるのか。」「実際に伝承している人が10人もいないのは，なぜか」「保存会の人々の苦労は何か」

C．無形文化財の米本文明さんに関する疑問

　「お金がもらえるわけでもないのに，なぜやっているのか」「なぜ，鷺流狂言をやろうと思ったのか」「サントリー地域文化賞を受賞したときの気持ちは，どうだったか」

　この3種類の疑問は，「伝統や文化」に関する題材を取り上げる場合に，追究過程の向かう方向を示している。Aの疑問は山口鷺流狂言という文化事象への疑問であり，B・Cの疑問はその文化事象にかかわる「人」への疑問である。さらにこの「人」への疑問は，Bのような「文化をとりまく一般市民」への疑問と，Cのような「文化の担い手としての人」への疑問に区分される。この区分は「伝統や文化」の教育の向かう方向，より具体的には教育目標が単純ではなく，重層的な構造を有していることを示している。

　一般化すれば，Aの疑問は「伝統や文化」に関する理解目標へ向かう疑問であり，B・Cの疑問は態度目標へ向かうことになるが，その態度はBとCでは対照的である。Bは対象となる「伝統や文化」に対する市民としての理解者的態度形成へと向かうのに対し，Cは対象となる「伝統や文化」に参加

させ、その担い手となろうとする実践主体的態度形成へと向かう。前者は「伝統や文化」への市民教育であるのに対し、後者は「伝統や文化」の担い手教育といえる。すなわち「伝統や文化」の教育は、取り上げられる対象となる文化事象に関する理解を基底的目標としつつ、態度目標に関しては一方で市民教育、他方で担い手教育という重層的目標構造を構成しているととらえることができる。

## 5.「伝統や文化」の教育をめぐる論点構造

　以上のように,「伝統や文化」の教育をめぐっては,「伝統」をどうとらえるかに関して二つの対照的なとらえ方が二極的に対峙し、一方その目標設定に関しては態度形成に関して二つのとらえ方が二層的に重なり合う、という構造を描き出すことができる。「伝統」のとらえ方の軸と目標設定の軸が交差することにより、次の4類型の「伝統や文化」の教育が浮かび上がってくる。(図5-1)

Ⅰ. 既に「伝統」とされている文化事象の意義・価値を理解し、その普及・保存活動などに参画させる方向への教育（伝統理解への市民教育）
Ⅱ. 既に「伝統」とされている文化事象に、体験的・実地的活動等を通して参加させ、その「伝統」の担い手を育てる教育（伝統継承への担い手教育）
Ⅲ. 何を「伝統」とするかは定まっておらず、価値ある遺産や保存すべきものに関して討論などを通して合意を創り出す方向への教育（伝統評価への市民教育）
Ⅳ. 既に「伝統」とされているものを参考に、今の生活や活動場面に活かすなど、新たな「伝統」を創出する方向への教育（伝統創出への担い手教育）

　しかし、この二軸対立的構造で留意すべきことは、これは理念型であって、現状で実際に行われている「伝統や文化」の教育実践がⅠ～Ⅳのいずれかの型に明確に類別されるわけではなく、ⅠとⅡが混交したり、ⅢとⅣが混交したり、あるいはⅠとⅢ、ⅡとⅣが混交するような実践も当然行われていると考えられることである。理念型としてこの構造を明確にすることの意義

第5章 「伝統や文化」の教育における論点と実践課題；小学校社会科教育の題材から

図5-1 「伝統や文化」の教育をめぐる論点構造

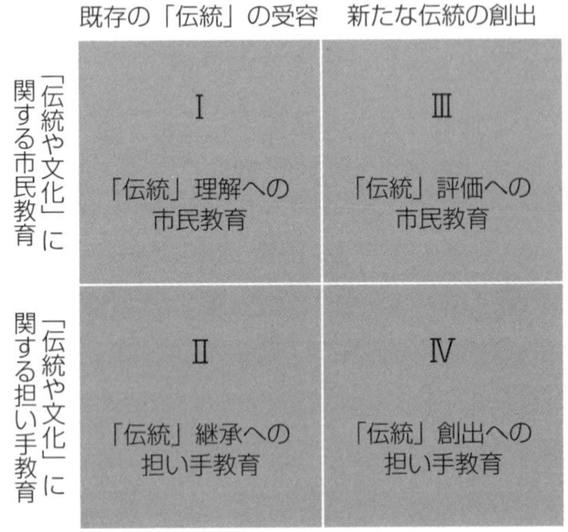

|  | 既存の「伝統」の受容 | 新たな伝統の創出 |
|---|---|---|
| 「伝統や文化」に関する市民教育 | Ⅰ<br>「伝統」理解への市民教育 | Ⅲ<br>「伝統」評価への市民教育 |
| 「伝統や文化」に関する担い手教育 | Ⅱ<br>「伝統」継承への担い手教育 | Ⅳ<br>「伝統」創出への担い手教育 |

は，現状の教育実践をパターン化して優劣を論評することではなく，この二軸を規定している「伝統や文化」の教育に内在する論点対立の要素を明確にした上で，現状行われ得る「混交の原理」を見出すことにある。以下ではこの二軸の要素をそれぞれ検討してみよう。

## 1）「伝統」の受容と創造

ⅠやⅡに代表されるような，既に「伝統」とされている文化事象に教育的意義をおき，それを継承させ，「同化」をはかろうとする「伝統受容」的方向と，ⅢやⅣに代表されるような，既存の「伝統」にとらわれず新たに「伝統」を創出させることに教育的意義をおく「伝統創出」的方向との対立は，ごく単純に両論化すれば古来のものをそのまま保持しようとする方向と，今日的な状況に応じて新たなものを生み出そうとする方向との，「伝統」なる概念の対立といえる。しかし実際には，ほとんどの文化事象はこのように単純な二者択一の方向で成り立つものでないことは明らかであろう。古来のものを今日まで全くそのまま墨守している文化など極めて希有であろうし，全く何もないゼロから新たな文化が生まれることも極めて希少であろう。大半の文化は時代に応じて，新たな要素を取り込んで変容したり発展していく。

## 5．「伝統や文化」の教育をめぐる論点構造

このようなダイナミズムの中で「伝統」とされる観念が形成される。

このような動的な「伝統」観に立てば，上記の二方向は二者択一でいずれかの方向しかないのではなく，中間点もあれば，中間よりやや「伝統受容」寄り，中間よりやや「伝統創出」寄りなど，様々な段階があることになる。このことは教育活動にも反映し，「伝統や文化」の教育に「伝統受容」的方向と「伝統創出」的方向の間に以下のような段階設定をすることも考えられよう。

| 伝統受容 ↕ 伝統創出 | a）既存の文化の「受容」への教育<br>b）既存の文化を現代に適合させる「活用」への教育<br>c）既存の文化を現代流にアレンジする「改変」への教育<br>d）既存の文化を批判的に乗り越える「革新」への教育<br>e）既存の文化を破壊して新たに生み出す「創造」への教育 |
|---|---|

容易に予想されるように，aやeのような両極端な教育は，その方向自体に一定の価値注入的な性格をもつこともあり，価値中立を標榜する公教育としての学校教育の場では想定され難い。現実にはbcdのような教育が行われ得ると考えられるが，このいずれも「伝統受容」「伝統創出」の両方向を教育活動に含んでおり，三者の違いは両方向の重点の置き方にある。つまり「伝統や文化」の教育においては，「伝統受容」的な方向と「伝統創造」的な方向という，それ自体対立的な両方向をいかに交流させ，教育活動として統合した実践を生み出すかが，内容構成・教材構成上の最大のポイントとなる。

## 2）「伝統」の認識と行動

ⅠやⅢに代表されるような，「伝統」とされる文化を外から客観的にとらえさせることに教育的意義をおく「伝統の認識」的方向と，ⅡやⅣに代表されるような，「伝統」とされる文化の中に入り，体験し，自ら担い手となることに教育的意義をおく「伝統への行動」的方向との二重性は，これもまた単純に両論化すれば，「伝統」の間接的理解者たる市民を育てる教育と，「伝統」の直接の当事者たる担い手を育てる教育との二重性といえる。しかしこの二重性もまた先の対立軸と同様，二者択一のいずれかではなく，段階的に

第5章 「伝統や文化」の教育における論点と実践課題：小学校社会科教育の題材から

重なり合うものであろう。教育活動としては，「伝統」の対象となる文化に対し「伝統の認識」に向けた活動と「伝統への行動」に向けた活動の間に，以下のような段階設定をすることも考えられよう。

| 伝統の認識 ↕ 伝統への行動 | p）対象となる文化に対する疑問や理解，批評等の活動<br>q）対象となる文化に対する提案，意見要望等の活動<br>r）対象となる文化への協力，支援等の活動<br>s）対象となる文化への参画，共同企画等の活動<br>t）対象となる文化の当事者となっての活動 |

　実際には多くの教育実践において，いずれか1つの活動のみで学習活動が構成されることはきわめてまれであり，いずれかを中心的な活動としつつも他の活動を採り入れる場合がほとんどであると思われる。例えばpの活動を中心におきながら，学習の進展につれてqやrの活動に移行することは実践上日常的に行われることであるし，rの活動を中心におきながら方法としてtの活動を一部採り入れるなどということも十分あり得ることといえる。このように「伝統の認識」的方向と「伝統への行動」への方向は，「伝統や文化」の教育において二大要素として常に重なり合い，いずれに重点をおいた上で両方向をどのような仕方で重ね合わせるかという点が，教育実践として目標設定上の最大のポイントになってくる。

## 6.「伝統や文化」の教育への実践課題

　以上考察してきたように，「伝統や文化」の教育には，何を対象として何を教えようとするのかに関して二項対立的な「伝統」概念が一方にあり，どのような資質能力を育てようとするのかという目標設定に関して二層構造的な教育活動がもう一方にある。このような二軸が交差する中で教育実践を試みようとするとき，常に念頭におく必要があるのは，「伝統は必要とされたときに作られたもの」という構成的伝統観を基底にすることである。実践化の過程においては，「伝統」の形成過程に着目し，現在の状況から新たに「伝統」とされるものをとらえ直すような学習を構想することが有効性を持ち得

## 6.「伝統や文化」の教育への実践課題

よう。つまり今「伝統」とされている文化，産業や芸能，生活習慣などは，いつから，どのような時代にどんな経緯があって成立したものなのか。それが人々に「伝統」として意識されるようになったのは，いつ，どんな事情からなのか。そして今，グローバル化の新たな時代において必要な「伝統」とは何か。こうした問いが教師－学習者間，学習者相互間で継続的に往復するような学習過程こそ，上記二軸が上下左右に往来する今日的な「伝統や文化」の学習に応えるものとなる。[7]

より具体的には，「伝統や文化」の事例としてある文化事象を取り上げ，教材化を試みる段階においては，以下の二点が必要になる。

第一は，文化の「動的」なとらえ方であり，これが「伝統受容」と「伝統創出」との対立軸におけるダイナミズムを保障する。文化の継承過程は以前のものがそのままそっくり継承されるわけではなく，時代により，さまざまなアレンジを経て変容されつつ今日に至るが，個々の事象により，その変容がかなり速く，めまぐるしく推移する事象もあれば，逆に変容が実に遅く，古来のものをかなり残してゆっくり推移する事象もある。教材として取り上げる事象がどのような形成・変容過程を経て今日まで来たのか，そして今の時代，どのような方向に向かいつつあるのか。こうした点に関する多様な解釈や論議を可能にする開かれた教材化が望まれる。

第二は，文化とわれわれ（子ども・教師・地域）との「関係的」なとらえ方であり，これが「伝統の認識」と「伝統への行動」との二重構造における多層性を保障する。教材として取り上げられる文化は「われわれ」にとってどのような意味をもつものなのか。市民が積極的に参加あるいは参画して保存していくべきものか，あるいは価値を認めつつ外から見守るべきものか。さらには「われわれ」が現代の生活に活かすべきものか，あるいは現代とは隔絶した，その時代を物語る文化財として保存すべきものか。こうした点に関する多様な解釈や論議を可能にする開かれた教材化が望まれる。

今日「伝統や文化」の教育に関して典型かつ規範となる授業モデルは確立されていない。むしろ単一のモデルではなく，先述のような4類型に対応したそれぞれのモデルが打ち出され，相互の関係の中で各モデルの特質や課題

第5章 「伝統や文化」の教育における論点と実践課題；小学校社会科教育の題材から

が議論される，という教育・研究環境が整えられていくことが必要であろう．

## 参考文献ならびに註

1) 教育改革国民会議（2000）「教育改革国民会議報告─教育を変える17の提案─」，平成12年12月22日．
2) この「教育改革国民会議」の報告について種々の批判があることは周知のところであるが，本稿の問題設定との関連でいうと，例えば辻井喬『伝統の創造力』（岩波書店，2001）において，報告全体が「伝統尊重」の教育というトーンで彩られているのに対し，その「伝統」概念は，伝統の内容をすり替えた"似非伝統"の域を出ていないこと，「昔は良かった」という卑俗な情緒のみに裏打ちされた床屋談義の域を出ないこと，などと痛烈に批判されている．（pp.78-79）これはすなわち，「伝統とは何か」という本源的な問いを問うことなく，戦後流布してきた「伝統」なる言辞を無批判・無自覚に使用したことから招来した批判であろう．それゆえに「何が伝統か」はこの報告を淵源とする公的な文書からは見出せないのである．
3) 中央教育審議会答申（2008）「幼稚園，小学校，中学校，高等学校及び特別支援学校の学習指導要領等の改善について」平成20年1月17日（平成20年作成教員用パンフレット）
4) 山口GENKI教育サークル（2008）『社会科で育てる新しい学力2 伝統・文化の継承と発展』明治図書，p. 9．
5) 本授業は，山口大学教育学部附属山口小学校第95回初等教育研究発表大会（2012年11月30日）において，同小学校の山本健作教諭により，第4学年の社会科の授業として実施された．
6) この類別は上掲（5）の授業に関する協議会において，山本教諭から提示された資料による．
7) このような問いを真摯に追究した近年のものに，大塚英志『「伝統」とは何か』（筑摩書房，2004）がある．本書は「伝統」を，「ある」ものではなく，求められた結果「作られた」という立場から，伝統が求められる理由や作られる過程が検証されており，「伝統や文化」の教育に必須な観点を提供するものとなっている．

# 第6章 「美感と創新」；藝術教育の過去，現在と未來

林曼麗

　美術教育とは，一体どういうものか，どういう価値があるかを考える時，美術の専門家として美術館の館長や院長を経て，やはり私の考えの原点は美術教育であったと思います。

　英国の教育哲学者であるホワイトヘッド（A. N. Whitehead 1861-1947）はかつて，「太陽に関する知識，空気に関する知識，地球の自転に関する知識を全て理解しているが，落日の輝きが見えない。」と述べました。この一言は，教育理論に対する批判と反省をずばり指摘していると思います。14世紀から15世紀ヨーロッパで文芸復興がおこると，西洋文明は中世とは全く異なる新しい時代へと歩を進め，主体的な人が神の位置に取って代わり，哲学の目的もまた神から人へと移り変わりました。

　18世紀の啓蒙運動は人類を更に「前近代」（pre-modern）から「現代」（modern）へと導き，哲学者であり科学者でもあったフランシス・ベーコン（Francis. Bacon 1561-1626）が「知識は力なり。」と述べ，その後数世紀に及ぶ科学の発展や宗教改革，革命思想，啓蒙運動の幕開けとなったのです。そして，宗教や神話にかわって理性的な科学の時代が始まりました。「科学」と「理性」は，迷信と無知を打ち破って取り除き，世界全体が近代化への道のりを歩み始めました。人々は理性的な思考により，真理を獲得して全世界の現象の解明に努めたのです。つまり，「近代的な世界観」とは「科学的な世界観」に等しく，自然界に内在する属性や進化，関連性，主観的な知覚経験能力を完全に否定したのです。

　もちろん，「理性」と「科学」とを思想の主軸とする現代主義は，現代教育理論と教育課程論にも影響を与えました。その当時の教育課程は，測定可能な効率性と標準化に焦点があてられ，科学的で精確な方法を用いた測定で効率性の指標を得て，その後それに即した適切な教育課程を学生に与えるというものでした。

　教育課程論の研究者タイラー（R. W. Tyler）は，教育目標の設定について

## 第6章 「美感と創新」：藝術教育の過去，現在と未來

より明確に主張しました。教育課程編成の際に採るべき第一の行為であるばかりでなく，教育課程全体の要ともなったのです。タイラーは，経験よりも教育目的に着眼し，学習とは特定の意義と統制の結果であり，測定可能なものとしました。これらはいずれも私たちがよく知っている教育課程観です。しかし，ホワイトベッドが指摘したように，教育の目的が，最も効率のよい教育課程編成を通して学生に知識を学ばせるにもかかわらず，人の内にある複雑で多元的，測定も予測もできず，不確定でありながら無限の可能性を持つ精神と感性による知覚経験をないがしろにするならば，それは教育界が反省すべき点でありましょう。

また，人の内にある複雑で多元的，測定も予測も不可能で，不確定でありながら無限の可能性を持つ精神と感性による知覚経験こそが，芸術教育が求めるものと言えます。台湾のここ数年の教育改革では，「統合的カリキュラム（Curriculum Integrative）」が非常に重要な核心的理念となっていますが，あまり理解されていません。これは教育課程観におけるパラダイムシフトであるため，学校の現場では非常に多くの疑念や反発があり，教育改革が成功するかどうかが，社会的な関心事となっています。

教育改革の重点は，「教」と「学」の関係を改めて考えることにあります。教育課程はすでに予測された，敷かれたレールではなく，教師の仕事とは，如何にして学生にその上を走らせるかでもなく，課程（Currere）は一つの動詞となって，学生と教師が分かち合う経験や創作，自我構築の過程となります。ですから，教育の任務とは，知識を生かして，美学を用い，物語的な創造力によって，論理と科学の厳密な特性を結びつけ，教育課程を生命力や創造性に富んだものにするのが，現代における教育の趨勢なのです。

換言すれば，行為に内在する精神的な統合と自我構築における学習過程は，芸術教育だけの専売特許ではなく，現代教育において大切な核心的価値を有するものとなっているのです。

美術教育の本当の価値も内在する精神の統合と調和にあると思います。それが，初めて美的意識，美感ということが生まれるのではないかと思います。内在する精神の結びつきを通して，理性と感性の調和であり，人の前にあ

る複雑で多元的，予測も不可能でありながら無限の可能性をもつ自覚と感性の経験を大切にすることこそが美術の政策であり，美術教育において最も重要な本質です。しかも，美術教育がどうして大事かというと，やはり内面的な精神とその感性を総合的に調和できることに，その価値があったと思います。それがあったからこそ，美的意識，美感ということが生まれてくるのではないかと思います。

　続いて「創新」について述べたいと思います。

　約2千年前，中国商王朝の時代に作られた湯(とう)の盤に，「苟日新，日日新，又日新〔苟(まこと)に日に新たに，日々に新たに，また日に新たなり〕」という銘文が刻されています。当時，湯王はこの言葉を自己の戒めとして改革と精進を重ね，ついに夏王朝を倒して商を建国したのです。この史実は，遥かに遠い古代にも「改革，改善，創意」を求める精神が人々の心の中に深く根付いていたことを私たちに伝えてくれます。

　博物館，美術館には数え切れないほどの優れた文明の結晶が保存されており，文化遺産の宝庫といえます。2004年から2008年にかけて，台湾の故宮博物院院長を務める間，非常に深く感じるものがありました。故宮博物院は世界有数の博物館の一つであり，8千年前後という歴史の大河に育まれた65万点ものコレクションは，アジアの文明を代表する華夏（中華）文化の精華といえましょう。それらの貴重なコレクションからは，豊かな文化や歴史が感じられるとともに，高度に洗練された美学や芸術的表現，素材や技術に対するあくなき追求と突破，絶えず改革・改善を求めた進歩的な精神が見てとれます。今日，博物館に保存されている「歴史的コレクション」が製作された当時，それらはいずれも時代を切り開く斬新な，そして革命的な「前衛作品」でした。過去の突破や革新がなければ，今日の「歴史的コレクション」も存在しません。私たち人類は，改革や改善，創意工夫を繰り返すことによってのみ，未来の「歴史的コレクション」が創造できるのです。これは長い歴史を重ねた人類文明の証(あかし)でもあります。

　つまり，「伝承」と「革新」は表裏一体であり，伝統の継承ばかりでは後退するのみで現代社会との接点を失います。これは「死」に等しく，新しい

## 第6章 「美感と創新」；藝術教育の過去，現在と未來

生命を育むことはできません。また，革新ばかりでは伝統的なよさが失われます。これは「無」に等しく，人々の心を動かすことはできず，当然のことながら未来の古典や歴史，伝統を生み出すこともできません。博物館は伝統文化を学ぶ所である，文化遺産の宝庫である，と多くの人々がそのように考えています。しかし，現代の博物館は人類の文化遺産の守り手から，さまざまな知識や教育の機会を提供する機関へとその役割も変わり，先進的な知識や新しい価値観が創造される場所へと変化しています。

現代社会の求めに応じ，如何にして博物館を先進的な知識や新しい価値観を創造する場とするかが，私たちの挑戦すべき課題でありましょう。

文化遺産（Heritage）とは，人類文明の大切な財産です。これら「有形」文化財の保存，修理，収蔵，研究は，人類が果たすべき責任です。また，「無形」文化財の価値やその内容に関する教育活動，二次的な創造は，人類文明の新たな発展の原動力となるものです。博物館は単なる文物の殿堂ではなく，文物を保存するだけの宝物庫でもなく，「物」を中心とする組織から，「人」を主体とする考え方に向かい，有機的な機構として新たなシステムと創造の場を築くべきでしょう。もちろん，そこにはより深い文脈化（Contextualization）や文化上の相互作用及びその解釈（the use of interactive for interpretation）などの解決すべき課題もありますが，「人」と「物」との関係が改めて検討されるべき時に，博物館内部の質的，組織的変化も進められるべきでしょう。

「人」を主体とした思考は，故宮博物院長在任期間中，私が最も重視した核心的な理念です。古めかしい伝統的な博物館の組織改革を徹底して行い，閉鎖的かつ唯我独尊とした組織を開放的かつ民主的な姿勢へと変革し，博物館と人々との距離を縮めました。そして，文化遺産の持つ目に見えない，尽きることのないエネルギーを開放したのです。大切なのは，現代社会の趨勢にも結び付いた無限の可能性を生み出したことです。

換言すれば，博物館はもはや限られた空間の中でひたすら静かに，受身的に観覧者の訪れを待ちつつ，ひっそりと古（いにしえ）の物語を語る静止した存在ではありません。活動的な組織として，現代の科学技術や新しいメディアと結び

つき，人々と文物との対話をより活性化させることができます。人類の価値に重きを置くとともに，現代人の思想や創意，美学，科学技術などと積極的な融合を図り，新しい芸術や文明，文化を創造するのです。博物館は単に過去を振り返るために存在するのではなく，未来を創造することができます。

博物館が「人」を中心とし，「先進的な知識」や「新しい価値観」を創造する場所となるには，芸術文化と科学技術との結び付きが不可欠な要素となります。21世紀の科学技術の発展は，人類を情報化時代へと導きました。芸術文化と科学技術の融合こそが，21世紀における最も大切な礎（いしずえ）なのであり，博物館もまたその基礎の上に重要な位置を占めています。それがすでに進行している中にあっては，速度や規模の違いこそあれ，全世界の博物館がこの道筋から外れることなく邁進するべきであると私は考えます。デジタル化は博物館の発展に大きな変革をもたらしました。「壁のない博物館」という概念は，新しいメディアの発達に随い，確実に根を下ろしつつあります。デジタルコレクションからデジタル博物館，デジタル学習システムなど，新しいメディアと博物館の融合は，博物館の持つ目に見えない価値をより一層高め，無限の可能性に満ちた未来を切り開いたのです。

「行　気」

「行動するデジタル故宮計画」として，故宮博物院と財団法人工業技術研究院が共同で計画を進めています。（財団法人工業技術研究院，略称「工研院」は，台湾の非常に重要な科学研究・開発機構です。）高度な科学技術を専門にするエンジニア，科学者，情報関連の専門家，芸術家と故宮博物院の専門家及び教育関連の職員が協力して，「行気」という作品を制作し，昨年，オーストリアのリンツで開催された，「アルス・エレクトロニカ」に出品しました。古めかしく伝統的な故宮博物院が，世界最先端のマルチメディアを駆使する芸術祭に参加したのです。そして，全世界に向けて「Old is New」という故宮のメッセージを伝えました。世界最古の物でも最新となりえるのです。

「行気」は，故宮所蔵の名作で四大書法とされる「詩帖」，「花気薫人帖」，「丹陽帖」，「寒食帖」をモチーフとしています。工研院量測中心（Centere For Measurment Standars/ 測定センター）の技術，「Ultra Wide Band/ ウルトラワ

## 第6章 「美感と創新」：藝術教育の過去，現在と未来

イドバンド／超広帯域無線」略称 UWB を用いて製作されました。新旧の文化を結び付け，互いを照らし合わせつつ最先端の技術を応用したものです。この UWB という技術は，利用者の呼吸を感知してすぐさま反応し，書道作品の臨模（模写）を始めます。自身が発する「気」の働きが書写に反映されるこの作品は，芸術と高度な科学技術との融合を通して，利用者が創作の過程を体験できる上，アジア文化を代表する書法の妙所を知ることもできるのです。

「未来博物館」は，国際空港のターミナルに設置したデジタル博物館です。台湾のマルチメディア・アーティスト6名と現代アートのキュレーター，故宮の学芸員が協力し，2年近い月日を費やしてマルチメディア・アート作品6点を創作し，未来博物館に展示しています。この未来博物館は，空港を訪れる国内外の方々に，インターネットやマルチメディアを通して，故宮のコレクションに対する理解を深めていただくと同時に，現代アートを通して中華文化に触れることにより，多元的かつ多面的な思考や想像を促せればと考えています。

### 「行気」と未来博物館

未来博物館の設置や「行気」の国際的な芸術祭への参加は，ここ数年来故宮が推進してきた「行動するデジタル故宮計画」の成果の一つです。文化遺産と高度な科学技術を駆使したマルチメディアの融合は，人類の偉大な文明が生んだ素晴らしい遺産を，如何にしてより多くの人々に時空的な制限を受けることなく鑑賞し，応用してもらい，そこから新たな価値を生み出してもらうかが，その重要な目的です。簡単に言えば，私は三つの面から考えています。一つ目は，デジタルコレクションシステムの応用とデータベースの設置です。博物館内部の業務にとっては，所蔵品と所蔵庫の管理や長期的な研究への運用に有用です。外部に対しては，更に一歩進めて全世界にデータベース利用の機会を提供し，国際的な学術分野でその基礎を固めるのも，博物館の未来を切り開くものとなるでしょう。二つ目は，デジタル分野における研究開発です。これはまた二つに分類することができます。一つは，オンライン上のバーチャル博物館です。もう一つは，展示会場でのデジタルガイド

システムです。科学技術の進歩に随って，これらが大いに発展する余地のあることは，皆さんもよくご存知でしょう。三つ目は，新しい鑑賞スタイルと観覧者の芸術体験へのより積極的な対応です。現代的な視点から文物の精神を理解することによって，過去・現在・未来—この三者の対話を試みるのが，「Old is New」の精髄なのです。「行気」と未来博物館は，それを具体的に表現したものといえるでしょう。

### 児童博物館

初めに手がけた「故宮児童博物館（チルドレンズ・ギャラリー）」は，2008年5月に開館いたしました。これは7歳から12歳の児童を対象にした芸術学習施設です。児童博物館は情報発信基地の一つであり，この施設でさまざまな体験や遊戯，自分の手で操作するなどして楽しめ，アニメーションやマルチメディアを用いた展示と結び付けて，故宮の文物により親しんでもらうことができます。その後，「学習コーナー」や「データボックス」を利用して全館の参観が行えます。

### アニメーション映画「国宝大集合（Adventures in the NPM）」

この3Dアニメ映画は，故宮と台湾を代表するデジタル企業「太極影音」が協力して製作したものです。また，フランスの著名な監督ジェラール・ピレス（Gérard Pirès）氏を招き，アメリカのアニメーション総監督テディ・ヤング（Teddy Yang）氏なども製作に加わりました。これもまた近年，故宮博物院が積極的に推進してきた，ジャンルを超えた合作と芸術的資源の整合化を示す例の一つです。この作品は老若男女が楽しめ，若い方やご家族に大好評でした。故宮のイメージチェンジに大きく影響したのみならず，教育活動でも大きな成果を上げました。映像作品の新たな役割を考えると，今後のクリエイティブ産業が持つ潜在力はより重視されるべきでしょう。また，本作は2008年東京国際アニメフェアでグランプリを受賞しました。

### 結　論

21世紀は20世紀とは全く異なる新しい時代です。芸術教育もまた絶えず新しい挑戦と乗り越えるべき課題に立ち向かわなければなりません。先述の手法が少しでも参考になればと願っています。

# 第7章 韓国の学校教育における グローバル化と伝統文化教育

金香美

## はじめに

　「文化の時代」とも呼ばれる現代の国際社会における文化的多元化は，グローバル化というスローガンのもとで政治や経済はもちろん，教育においても著しく強調されている。

　周知の如く，グローバル化は多元主義的価値を追求するポストモダニズムの哲学的背景や，グローバル化を拡散させる情報通信の発達に基づいて始められた。多様な様式が共存し，脱ジャンル化や地域的伝統およびアイデンティティーを強調する芸術文化が広がり，自分たちの文化とは性格を異にする文化に対してもそれを承認し，尊重する態度を持つことが要求されている。

　ここで，真のグローバル化とは，世界中の文化が画一的になることを意味するのではなく，各文化の固有性が，世界文化の豊かで開かれた多様性を通して発展していくことを意味すると考えられる。したがって，それぞれの文化の持つ文化的多様性は世界文化のなかで特別な意味を持つ。それゆえ，世界文化のなかで特定の文化の持つ固有性とアイデンティティーに対する要求はより高まっているのである。自国とは違った慣習，行動様式や価値を有する世界との接触を通してお互いに理解し，協力し合うと同時に，ある面では競争もしなければならない場合もある。したがって，異文化あるいは多文化に対する理解はグローバル化教育の基礎ともいうべきである。

## 1．グローバル化教育の意味と内容

　「グローバル化」が社会的な必要性によって生じた用語であるとすれば，そのような必要性を教育的な観点から接近しようとするのが「グローバル化教育」である。21世紀の現代社会は，グローバル化時代に合わせた企業のグローバル化は活発に進行しているものの，社会的な意味でのグローバル化はまだ十分ではない状況である。真の社会的なグローバル化はグローバル化教

2．韓国の社会文化的特徴とグローバル化の動向

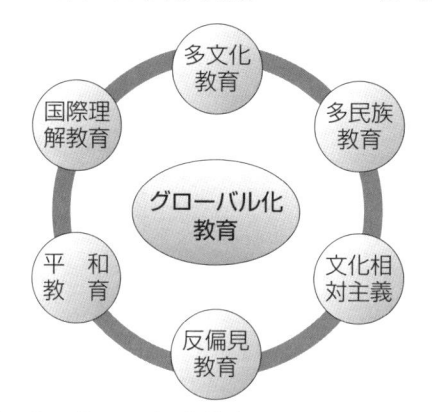

図7-1　グローバル化教育に関連する多様な概念

育によって成し遂げることができる。グローバル化教育とは，自分たちの文化に対する確固たる認識とともに，異文化に対する開放的な理解や態度を持つことによって多元化社会への準備のために教育し，多様な文化，民族，性，社会階層の子供たちに公平な教育的機会を与えるよう，カリキュラムの変化を試みる総体的な努力である。そして人種，倫理，言語，宗教，政治，雇用，階層，経験，性，趣向，年齢などによって様々な様子をあらわす人間行動に対する「理解」と「尊重」の教育であると言うことができる。

　以上のようなグローバル化教育の中に包含される多様な関連概念を図式に表すと図7-1のようである。

　したがって，グローバル化教育はこのような多様な観点から考え，それにしたがって教育内容を構成するべきである。

## 2．韓国の社会文化的特徴とグローバル化の動向

　韓国では，古くから「国家」や「民族」という概念が著しく作用し，異文化に対して排他的性格が強かった。そのため，朝鮮時代まで鎖国政策により外国の文物を拒否し，排撃する風土が長らくつづいたが，開港以来，伝統よりは西欧のモダニズム文化やその価値を急速に追求していくようになった。西欧文化の流入とともに，それを追っていくのが近代化，世界化への捷径

第7章　韓国の学校教育におけるグローバル化と伝統文化教育

表7-1　グローバル化教育の内容

| 関連範疇 | 教育内容の実際 |
| --- | --- |
| 文化理解教育 | 文化間の類似点や相違点に対する理解能力の増進<br>それぞれの文化に対する理解や，それを尊重する態度の育成 |
| 協力教育 | 多様な人たちとの相互作用能力の増進<br>多様な人たちとの協同能力の増進 |
| 反偏見教育 | 偏見や固定観念に対する批判的思考の形成<br>問題状況に対する対処能力の増進 |
| 停滞性教育 | 肯定的な自己概念の育成<br>自我停滞性および集団停滞性の形成 |
| 平等教育 | 国家，民族，性，能力，階層に対する肯定的態度の育成<br>人間は平等であると思う価値の形成 |
| 多様性教育 | 多様な個人や集団の存在を認め合う態度の育成<br>多様に尊重する態度の育成 |

であると判断し，実践してきたのである。そのため，主体性を持って世界の文化を理解し，受容する眼目が不足したのが事実である。その結果，一部先進国の文化は追従しながらも，多様な国や民族に対する開かれた見方は持たず，また自国の伝統の良さに目を向けたのも最近のことである。

しかし，1980年代の後半から急速に増加し始めた外国人労働者や国際結婚移住女性，そして外国人留学生など，韓国に居住する外国人は2009年，すでに110万人を超え，いわゆる「外国人100万人の時代」が渡来したのである。このような推移であれば，2020年には韓国内に在住する外国人の数が人口の5％を占めるであろうと展望されている*。参考に，表7-2は2010年現在，国際結婚家庭における父母の出身国の統計である。

このような国際結婚や外国人労働者たちを中心にして成立された家庭を「多文化家庭」と称しているが，表7-3は2012年現在，多文化家庭子女の人数である。

＊朝鮮日報，「国内に居住する外国人数，100万を超えた」，2009.08.06

## 2．韓国の社会文化的特徴とグローバル化の動向

表7－2　小・中・高における国際結婚課程子女の父母の出身国別現況

| 出身国 | 計（人） | 比率(%) | 出身国 | 計（人） | 比率(%) |
|---|---|---|---|---|---|
| 日　　　本 | 10,937 | 36.4 | 南アジア | 371 | 1.2 |
| 中　　　国 | 5,204 | 17.3 | 中央アジア | 297 | 1 |
| 朝　鮮　族 | 3,649 | 12.1 | 米　　　国 | 283 | 0.9 |
| 台　　　湾 | 286 | 1 | ロ シ ア | 379 | 1.3 |
| モンゴル | 361 | 1.2 | ヨーロッパ | 169 | 0.6 |
| フィリピン | 5,142 | 17.1 | アフリカ | 42 | 0.1 |
| ベトナム | 1,306 | 4.4 | オセアニア | 44 | 0.1 |
| タ　　　イ | 727 | 2.4 | そ　の　他 | 634 | 2.1 |
| インドネシア | 209 | 0.7 | | | |
| | | | 計 | 30,040 | 100 |

＊教育部：2010年現在

表7－3　多文化家庭子女数

| 区　　分 | 小学校 | 中学校 | 高等学校 | 計 |
|---|---|---|---|---|
| 国内出生 | 29,303 | 8,196 | 2541 | 40,040 |
| 中途入国 | 2,676 | 986 | 626 | 4,288 |
| 外国人家庭 | 1,813 | 465 | 348 | 2,626 |
| 計 | 33,792 | 9,647 | 3515 | 46,954 |

＊教育部：2012年現在（単位：人）

　以上のような社会的変化の中で，韓国社会は多様な文化を有する独特で，異質的な文化集団らを幅広く包容しなければならなくなった。彼らを同等な国民として認め，自ら民主市民として行動できるように，グローバル人材に育成させなければならない大きな課題を抱いているのである。こうして，彼らに対する社会的な関心は，韓国におけるグローバル化および「多文化主義」の本格的な論議と談論を触発させた。そして，その2世たちの教育をはじめ，国全体の次元でのグローバル化教育の必要性はますます高まってきて

いる。文化を通して人類の問題，性差別，宗教や階層間の葛藤，北朝鮮との理念的葛藤など，韓国における社会的イシューを読み取りながら社会に対する認識や批判力を育てる教育の重要性，また，多様な文化に対する深い理解は，優劣でない「違い」を認め合い，お互いに尊重し合う態度を持たせるということに注目し始め，その教育に力を注いでいる。

## 3．韓国の「教育課程」におけるグローバル化と伝統文化教育

　「グローバル化教育」や「伝統文化教育」は1990年代の第6次教育課程以来，絶えず強調されてきている教育の時代的課題である。第6次教育課程では，経済の急速な発展とともに「グローバル化」の理念が社会全般にわたって拡散するにつれ，その中で韓国の停滞性を強化する必要性を強調している。そのような関心は第7次教育課程（1997）でより著しく具現されるようになった。例えば，文化に対する停滞性の確立のために，伝統文化教育を強調し，それに基づいて世界の文化に対する理解を高めるという目的で，全教科にわたってグローバル化教育や伝統文化教育を標榜しだしたのである。

　また現行の「2009改訂教育課程」でも，改訂の背景として，世界化・国際化時代のなかでグローバルな創造的人材の育成ができる構造への転換を目指していると明示している。つまり，前述したグローバル化時代のパラダイムを教育課程の全般に反映しており，世界文化に対する理解を高めると同時に，またその一方で自国の文化に対するアイデンティティーを確立させるよう，伝統文化教育を強調していることをその特徴の一つに挙げられる。特に，多文化家庭子女の教育とともに，正規の教科以外の「創意的裁量活動」や「特別活動」においても「多文化理解教育」を重点的に運営することを奨励している。

　現代のようなグローバル化時代において世界市民として生きていくためには，数多くの知識や情報，多様な文化たちのなかでの選択や判断が必要となり，またそれに対して積極的な自己表現のできる教育への変化が要求される。つまり，教育を通して自分の文化や異文化を正しく凝視し，価値判断が

## 3. 韓国の「教育課程」におけるグローバル化と伝統文化教育

できるように，バランスのとれた態度や見方を育てるべきである。文化が多様化し，グローバル化していくにつれ，伝統の固有性に基づいた独自的な文化の必要性は高まってくる。伝統はその民族あるいは地域に根ざした固有な生き方の総体であり，多くの歴史的な変化のなかでも変わることのない文化的資産であるため，伝統文化教育は何よりも重要である。そこで，韓国の教育課程に示された伝統文化教育の意義について要約すると，次のようである。

①文化的アイデンティティーの確立

自国の文化に対するアイデンティティーは自分と他の存在とを区別し，自分の独自性や固有性を明確にしてくれる。教育を通して我が民族の独特な生き方や伝統文化の価値を認識できる眼目や能力を育てるべきである。

②新しい文化の創造

伝統に基づいていない文化は消滅しやすい。伝統文化を理解し，それを継承することは新しい文化創造の根幹となるのである。

③文化的プライドの涵養

伝統文化の中には民族の精神と生き方が総体的に含まれているため，学生たち個々人の考え方や行動に影響を及ぼし，彼らの価値観や情緒の涵養にも寄与する。したがって，伝統文化教育を通して伝統の美意識やその価値を探索することにより，学生らは自分たちの伝統文化に対する関心を持ち，それの独創性や優秀性を発見し，その継承について動機づけられる。

④文化の理解と批判的受容

伝統文化教育は21世紀の情報文化時代においてわが文化を理解し，他の文化を批判的に受容できる眼目を育て上げる。伝統文化に根ざしていない無分別な異文化の受容は，真のグローバル化に逆行しやすいのである。

ここで，「伝統」を辞典的な解釈だけで捉えると，「ある集団や共同体の中で，古くから受け継がれてきている習慣および行動」を意味する「因習」と似ているようであるが，しかし真の意味での伝統は，生きている過去でありながら，同時にそれを乗り越えた新しい文化の源泉であるともいえる。そして，ある個人や集団によって生じた特殊なものというよりは，民族共同の歴史的，文化的価値意識でありながら，誰でもがそれを自覚し，継承していく

べき価値観なのである。こうした点で，伝統は次のような普遍的特徴を持つ。
a．伝統は，単純な過去の遺産に留まらず，現在を豊かにしながら未来の文化創造の基礎となる。豊かな伝統文化に基づいた教育は，より高い水準の新しい文化を作り出す。
b．伝統文化にはその民族の特性や固有性が浸み込まれているため，他の民族の文化と区分されながらその民族の文化を一貫的なものにしてくれる。
c．伝統文化の中には，外来性と固有性が同時に混在している。文化とはもとから交流を通してお互いに影響を受けあいながら生じるものであるため，各民族の伝統はある程度の共通点を共有するようになる。一方，お互いに影響を受けあいながらも，各文化それぞれの創造性が発揮され，独創的な面貌を創り出すのである。

　以上をまとめると，伝統は可変的・多変的で，重層的な特性を持ちながら，長い歴史を通して受け継がれ，かつこれからも受け継いでいくべき民族的情緒であり，精神でもある。

## 4．芸術教育における伝統文化教育；美術教育を中心に

　McfeeとDeggeによると，各個人は言語や視覚的記号などを通して自分の価値観と信念を象徴化して表し，芸術家たちは文化から由来した行動類型や考え方をある程度自分の作品のなかに反映するという。特に，美術家はその社会が直面した多様な問題を美術的な象徴を通して直接あるいは間接的に表し，それを人に伝える。社会が急変し，固有の文化環境が消滅しつつある今日，文化に対する喚起とともに，多様な文化の共存性とそれに関する情報を体系的に提供することが必要である。こうした点で，文化の創造や伝達に基づいている美術の特性は，美術教育におけるグローバル化や伝統文化教育を実現する上で大きな根拠となるといえよう。

　文化的多様性を反映した美術教育は，多様な美術文化に関する知識，違った文化的背景を持つ人間に対する理解はもちろん，文化的アイデンティティーをも育て上げ得る。こうした観点からみると，美術教育におけるグローバ

## 4．芸術教育における伝統文化教育；美術教育を中心に

ル化教育は，異文化に関する断片的知識を学ぶのではなく，他の文化はどのように考えるのか，その考え方や価値観に対する知識を習得しながらそれが自分たちのものとはどのように違っているのかを知覚することに目的をおくべきである。また，多様な美術作品と文化遺産のなかに具現されている意味や価値を探索させることによってお互いの文化を理解し，尊重できる多文化的観点を持たせることが大事である。

このように，最近の美術教育におけるグローバル化教育では，美術に対する本質主義的な観点よりは，美術は社会や文化との関連性のなかで正しく把握できるという脈絡主義的観点に重みがおかれている。つまり，社会文化的なコミュニケーションとしての美術教育への接近のしかたをとっているのである。こうした側面で美術教育におけるグローバル化教育を考えると，その実行においても，美術作品に接した時，それが制作された文化的背景を人類学的，社会学的，民俗学的方法などを統合して考える学際的接近が必要である。そして，純粋美術はもちろん応用美術，大衆美術，民族美術，人種美術，民俗美術，女性美術，原始美術，しいては北朝鮮の美術などなど，多様な観点からの検討や相互関連性に関する有機的な考察を行うべきである。

現行の2009改訂教育課程では，「多文化美術教育」という用語を使用しながら，その必要性について，伝統文化の認識と文化的アイデンティティーの涵養のための多文化美術教育，国際理解教育としての多文化美術教育，多様性の尊重のための多文化美術教育という三つの観点を提示している。

また，美術教育の内容構成を「美的体験」，「表現」，「鑑賞」の三つの領域に分け，この中で鑑賞領域の必須要素として「美術作品」と「美術文化」を掲げている。

小学校の段階では美術鑑賞や批評に対する興味と関心を誘導し，美術作品をはじめ，美術の知識や概念，そして生活のなかで出会う伝統文化および地域文化に関心を持たせることを強調している。また，中学校では，小学校の段階で身につけた美術の知識や概念などが社会的に持つ意味について理解し，批評できるように，また高等学校では美術の文化的価値を理解するための文化活動を体験し，発展の方案を模索することに主眼をおいている。以上

第7章　韓国の学校教育におけるグローバル化と伝統文化教育

のように，伝統文化および地域文化に対する理解を強調しているのは現代の視覚文化社会の流れの反映として受け入れることができよう。

一方，伝統美術は，古代からその民族の歴史の中で受け継がれてきた創作の結果でありながら鑑賞の対象であり，各時代の思想や哲学が刻み込まれた美意識の総体ともいえる。そして前述の如く，伝統美術を「文化の一貫性を維持してくれるその民族の精神であり，意識や習慣である」とした時，伝統美術は「その民族の歴史，文化，伝統の中に生きている彼ら独自の秩序である」と定義できる＊。

このような伝統美術を生活の中でその一部として学習し，内面化させるのが伝統文化美術教育である。現代のようなグローバル化時代において，自国文化中心主義あるいは国粋主義に流れがちな伝統に対し，学生たちの客観的な視覚を形成させながら，自分たち固有のアイデンティティーの確立にも重要な役割を果たせるように，体系的な伝統文化美術教育を構想する必要がある。

## 1）伝統文化美術教育の現況

伝統文化美術教育の現況を知るための事前調査として，小・中学生を対象にアンケート調査を実施したところ，次のような結果が得られた。

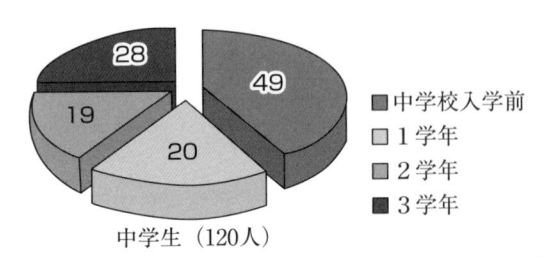

中学生（120人）

■中学校入学前
□1学年
■2学年
■3学年

図7-2　「伝統文化」という言葉の意味を理解し始めた時期

---

＊金英基，『韓国人の造形意識』，創知社，1991，p.182
　韓国文化芸術教育振興院：韓国の文化観光部と教育部が「文化芸術教育活性化綜合計画」を効果的に推進するために2005年設立した機関．

## 4. 芸術教育における伝統文化教育：美術教育を中心に

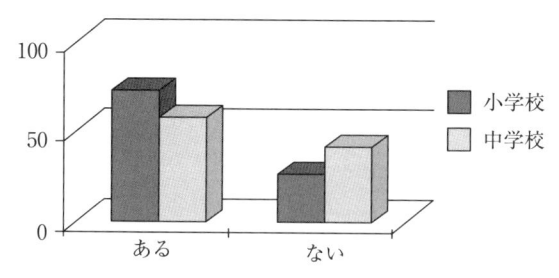

図7-3　伝統文化を主題にした美術活動をしてみた経験

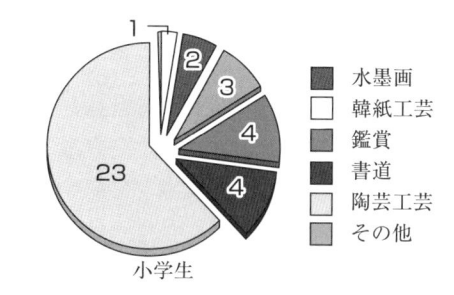

図7-4　学校における伝統美術活動の内容

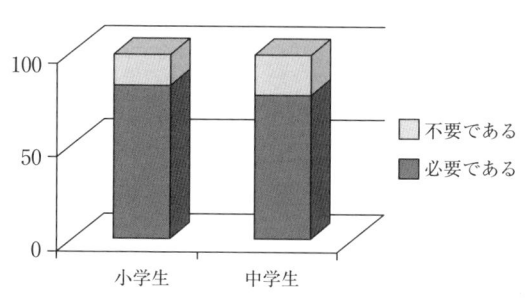

図7-5　伝統文化を学ぶことの必要性

　小・中学校の美術（図画）教科書に提示してある伝統文化関連内容として，表現領域においては水墨画，伝統工芸，書道などが，そして鑑賞領域においては古代から近代までの韓国美術の流れや特徴，伝統美術における自然と造形との関係などが主に扱われている。

## 2）伝統文化教育のための積極的な努力

韓国文化芸術教育振興院では，2007年から全国の小・中・高等学校を対象にして文化芸術教育プログラムを支援する「文化芸術教育先導事業」を運営している。学校内における文化芸術教育に関する多様な体験や教育の活性化のために始められたこの事業に志願した学校は年々増えてきている。

運営の内容としては，週5日制授業と連携した週末学校運営のための指定課題，各学校別特性に合わせた自律課題，そして文化芸術教育プログラムを教育課程に積極的に導入して運営する「文化芸術教育教科課程集中運営学校」など，三つの種類がある。2007-2009年度に文化芸術教育教科課程集中運営学校の中で，特に伝統文化教育プログラムを効果的に適用している事例を，次の表7－4のようにまとめた。

表7－4　伝統文化美術教育プログラムを適用した文化芸術教育教科課程集中運営学校（2007－2009年）

| 年度 | 学校名 | プログラム名 |
|---|---|---|
| 07 | 全羅北道　三礼女子中学校 | 地域の伝統文化施設および行事を活用した伝統文化芸術教育の活性化 |
| 07 | 全羅南道　光陽製鉄南小学校 | 韓国の魂を育てる教育のためのプログラム適用と実践 |
| 07 | 全羅南道　霊山聖志高等学校 | 「我が文化，我らは一つ」伝統文化や遊びを通した情緒の涵養および共同体文化の形成教育 |
| 08 | 京畿道　豊山高等学校 | 民俗工芸中心の伝統文化芸術プログラムを通した伝統文化の現代的継承と発展 |
| 08 | 慶尚北道　日月小学校 | 祖先の生活用品の体験を通した我が地域の伝統文化芸術の探索 |
| 08 | 光州市　月峰小学校 | 伝統文化芸術週末学校の運営 |
| 08 | 光州市　大村中央小学校 | 週5日制授業と連携した週末学校の運営 |
| 09 | 江原道　育民館中学校 | 陶磁の壁画を活用した美しい芸術学校の造成 |

4．芸術教育における伝統文化教育；美術教育を中心に

| | | |
|---|---|---|
| 09 | 京畿道<br>安城斗源工業高等学校 | 安城地域の伝統文化の継承および発展のための文化芸術プログラム |
| | 京畿道<br>栗田中学校 | 伝統工芸および城郭（水原華城）作りプログラムを通した我が文化の現代的継承 |
| | 京畿道<br>カムジョン小学校 | 楽しい焼き物作り |
| | 慶尚南道<br>二洞中学校 | 南海の宝島，我が地域文化の保護者：南海の農楽・民謡・童謡および文化を学ぼう |
| | 慶尚南道<br>霧安中学校 | 伝統焼き物の製作および地域無形文化財「ヨンホ遊び」の伝授を通した伝統文化の継承 |
| | 慶尚南道<br>大興小学校 | 陶磁器王国の後裔を夢見る私・われら |
| | 慶尚南道<br>晋州恵光学校 | 七宝工芸や陶磁の装飾品制作を通した障がい児学生の社会性の向上 |
| | 慶尚北道<br>青松女子中学校 | 陶磁器のハンド・ペインティングを通したわが国の伝統文様を学ぼう |
| | 慶尚北道<br>雨谷中学校 | 農楽および木工芸の体験を通し，わが文化や芸術を知り直そう |
| | 慶尚北道<br>渓堂小学校 | 伝統美術の体験活動を通した伝統文化の創造的継承 |
| | 釜山市<br>満徳高等学校 | 陶磁煉瓦を利用した学校公共美術プロジェクト |
| | 釜山市<br>新羅中学校 | 新羅土器および土偶の再現を通した洛東江周辺地域における伝統の継承 |
| | 仁川市<br>ヤンサ小学校 | 伝統芸術教育活動を通した文化芸術の理解 |
| | 仁川市<br>東方中学校 | 障がい児学生と一緒にやってみる焼き物作り |
| | 全羅南道<br>妙島小学校 | 多様なわが伝統文化芸術の体験を通して，伝統の良さや価値を知ろう |
| | 全羅北道<br>徳岩情報高等学校 | 民俗芸術継承教育を通した地域の民俗芸術の保存および活性化 |
| | 全羅北道<br>城北小学校 | 伝統芸術の特技の伸張および地域の文化探求を通した百済文化の継承と発展 |
| | 忠清南道<br>開化小学校 | 地域内の文化基盤施設を通した文化芸術教育 |

第7章　韓国の学校教育におけるグローバル化と伝統文化教育

　伝統文化は民族固有の独特な生き方や造形意識を綿々と反映しており，現代のように多様な文化が混在している時代を生きている学生たちに，自国の文化を見習える機会を提供してくれるという点で，多くの学校では伝統文化教育を積極的に取り入れている。

## おわりに

　最近，国際的な交流の増加によって韓国では学界をはじめ，政府，教育，労働界など，あらゆる側面からグローバル化の問題が考慮されている。もはや「多文化」，「多文化主義」，「多文化家庭」，「多文化教育」などは今日の韓国社会において重要なキーワードとして位置づけられているのである。

　以上のグローバル化教育を効果的に遂行するためには，それらの概念が派生した歴史的，社会的背景を正しく理解し，わが社会における脈絡的な状況との関係を批評的に検討する過程と努力が必要である。そうして，グローバル化教育は増加する文化の多様性の中で，社会の統一性を形成することのできる重要な土台になるべきである。この課題を解決するには，グローバル化教育の多様な観点からの理論的考察に基づいた教育目標の設定およびその教育目標を具現できる具体的な教育内容や方法，プログラムの開発，そしてそれを担当する専門教師の養成などについて模索していかなければならないと考えられる。

　一方，今日のような国際化・開放化時代において，伝統文化に対する正しい理解や，他の文化に対する批評的受容のできる未来志向的な人間の育成のためには，伝統文化教育の重要性を再認識し，伝統文化の優秀性や芸術的価値を発見して新しい文化を創造する基盤を造成していく必要がある。それは，グローバル化の中での相互理解を追求していく上で，最も重要な捷径にもなるのである。

# 第8章 マレーシアの美術教育にみられる伝統文化と視覚言語

福田隆眞

## はじめに

　本稿はマレーシアにおける美術教育について考察するものである。マレーシアは他のアジア諸国諸地域と同様に多民族多文化社会から構成され，戦後の独立と国民統合，国民文化の形成を遂行し，経済成長を遂げている例の一つである。

　マレーシアはマレー系，中華系，インド系，先住民のそれぞれが独自の文化を有し，美術文化にも特色が見られる。また，近年は美術活動もグローバル化し，現代美術も盛んになっている。そのような状況下において，美術教育は学校教育において，伝統文化を基盤としながらグローバル化している現代社会における国際様式の認識まで行われている。そして美術教育の特徴の一つとして視覚言語による創造的な表現と理解がある。

　視覚言語の方法は1920年代にドイツのバウハウス，ロシアのヴフテマスの専門教育において体系化されたものであるが，それはその後のデザインの発展に伴い世界各地に拡散し，独自の内容を展開している。本稿では，グローバル化する美術文化と独自の文化を結びつける美術教育の方法の一例として視覚言語を採りあげて展開しているマレーシアの例を述べる。

## 1．マレーシアの歴史と現在

　マレーシアは現在，2996万人（2013年統計）の人口を擁し，一人あたりの国民所得は約10000ドル（2012年統計）となっており，東南アジアでも経済成長を順調に遂げている。2020年には先進国入りを目指している。

　マレーシアの歴史の区分としては，独立以前と独立後の政治政策の変遷を中心として，次のように7つの区分がある。[1]以下にはその区分を参考に近代の歴史を概説する。

## 第8章 マレーシアの美術教育にみられる伝統文化と視覚言語

1. 欧州諸国の進出以前
2. 欧州植民勢力の進出
3. 日本軍による占領とマラヤの独立
4. マレーシアの結成とシンガポールの独立
5. 新経済政策による近代化の礎
6. ルック・イースト政策の発展と加速
7. アブドゥラ政権下のマレーシア

### 1）欧州植民勢力の進出

マレー半島西海岸ではすでに1世紀から地域集落が形成され，小さな民族国家が形成されていた。1600年からイギリスの東インド会社が東洋貿易に進出し，ケダ州，ペナン島の領有をはじめ，1826年までにはマラッカ，シンガポールも海峡植民地となった。1867年にはそれらはイギリスの直轄植民地となった。1887年までに，ペラ，セランゴール，ヌグリ・スンビラン，パハンの各州を併合し，1909年にはケダ，クランタン，トレンガンヌ，プルリスと1914年にはジョホール州の5州をマラヤ非連合州として植民地形態を採った。

### 2）日本軍による占領とマラヤの独立

1941年12月8日に日本軍はクランタン州に上陸し，その後，1942年2月9日にはシンガポールに上陸し，2月15日にイギリスは半島マレーシアとシンガポールを日本軍に引き渡した。そして1945年の第二次世界大戦終結まで，日本がマレーシア，シンガポールを統治した。

1946年マレー人保守層により「統一マレー国民組織（UMUNO）」が結成され議会を通じた自治の達成を求めた。中国系では「マラヤ華人協会（MCA）」が結成され，インド系住民は「マラヤ・インド人会議（MIC）」が結成し，マレー人，華人，インド人のそれぞれの民族政党の基盤が形成された。

1948年には9州からなる「マラヤ連邦」が形成された。1955年にはアブドゥル・ラーマンが率いるマラヤ連合党が選挙で勝利し，1957年8月31日に，マラヤ連邦としてイギリス連邦の中に成立した。

### 3）マレーシアの結成とシンガポールの独立

1963年8月31日，マラヤ連邦首相のラーマンは，マラヤ連邦，シンガポー

ル，北ボルネオ，サラワクが参加したマレーシアを独立に導いた。その後，1965年にはシンガポールが分離独立し，現在のマレーシア，シンガポールが形成された。

## ４）新経済政策による近代化

1969年の民族暴動が原因となり，初代首相のラーマンは辞任し，ラザク副首相が第２代首相に就任した。この間に，「ブミプトラ体制」の構想が計画され実行に移された。ラザク政権では1971年からの新経済政策を策定し，５か年計画として国民の所得水準の向上，雇用機会の拡大，貧困撲滅などを「マレーシア計画」として実行した。経済政策の強化を推進し，近代化を図った。政治的には1975年に与党連合を拡大し「国民戦線（Barisan Nasional:BN）」を結成し，政治の安定を図った。

1975年にラザクの急死に伴い，フセイン・オン副首相が第３代首相に就任した。フセインはマレーシア社会の近代化と安定に努めた。1981年副首相のマハティールが第４代首相に就任した。

## ５）ルック・イースト政策の発展と加速

マハティールは1981年から2003年までの22年間に及ぶ長期政権となった。この間，マハティールは「ルック・イースト政策」を進め，経済，経営，工業技術などを日本，韓国から習得し，農業国から工業国への転換を図るために，産業の発展と近代化の政策を構想，実行した。

マレーシア計画ではこのルック・イースト政策とブミプトラ体制が重なったことによりマレーシア独自の開発主義が生まれた。開発と経済成長を国民全員のためではなくマレー人のための開発という目的が明確になった。[2]

1991年に「Wawasan 2020」とするビジョンを公表し，2020年までに先進国になることを提案した。その骨子は以下の６点である。[3]

① ブミプトラ優先から各民族をマレーシア化する。
② 競争力のある経済の確立。
③ 「先進国入り」により国民に働く動機と夢を与える。
④ ブミプトラ企業の民営化と民間部門の活性化。

⑤ 教育と産業の連結。中等教育に職業教育課程を設置。
⑥ 中小企業の育成。

このように独自の開発主義を推進し，積極的な外資の導入，国産企業の開発，発展，民間企業の活性化などを行うことで経済成長を遂げているのである。このことは教育分野においても影響し，教育課程の改訂が進められた。

### 6）アブドゥラ政権下のマレーシア

2003年以降，基本的にマハティールの政策を引き継いだアブドゥラ首相は，農業振興，人的資本の育成，汚職対策，財政均衡などの政策を実施している。2006年の第9次マレーシア計画では，マレー半島東部の発展を重視し，製造業，流通業，農業，漁業，教育への技術向上を図ってきた。地方の開発によって格差を是正し，教育への投資により人材の育成を図っている。

こうしてマレーシアは基本的には五か年ごとのマレーシア計画に基づいて社会の発展と安定を図り，近代化を遂げてきた。教育もその一環であり美術教育も政策に基づいて立案，実施がなされている。

## 2．マレーシアの教育史概略

マレーシアの近代化に伴う教育の変遷を見ると，その教育は18世紀にイギリスのマレー半島への開発によって進められ，ミッション系のマレー語学校による普通教育が始まりである。そして国民教育制度の確立は1957年の独立以降である。独立前後に教育に関わる報告がなされて現状の把握と指針を示している。それらは以下である。

### 1）バーンズ報告（1951年）[4]

① 国民教育制度は，統一国家の理念を実現させるものであり，共通の国民性形成を目指す。
② 初等教育は6歳から12歳までの6年とし，その間の教育は無償とする。
③ 国民小学校はマレー語と英語による二言語主義教育を行い，中国語教育及びタミール語教育は認めない。
④ 中等教育は英語で行い，その他の言語による教育は認めない。

## 2．マレーシアの教育史概略

　この報告書はマレー・ナショナリズムを強く反映したものである。教授言語がマレー語と英語としたため，中国系とインド系からは厳しい批判を受け，1952年の教育令では，マレー語，英語，中国語かタミール語の三言語主義に改訂された。

### 2）ラザク報告（1956年）：1957年教育令[5]

> ① 「国民学校」においては，マレー語のみを教授用語とし，その他の用語を使う学校は国民学校と認めない。その他の言語（中国語，タミール語，英語）を教授用語として使用する学校は「国民型学校」とする。
> ② すべての国民学校及び国民型学校をマラヤ志向とするために，同一の教育条件を確保し，共通カリキュラムを実施する。
> ③ 中等教育にマレー語中学校を創設し，共通の修了資格試験を課す。

　この報告は1957年の教育令となって法制化された。国民型学校を認め，三言語主義を認め，統一的な国民教育制度を明確にしたものである。

### 3）ラーマン・タリブ報告（1960年）[6]

> ① マレー語を教授用語とする学校を国民学校とし，その他の英語，中国語，タミール語の学校は国民型学校とする。
> ② 下級中等学校には，マレー語学校（国民学校）と英語学校（国民型学校）をおく。
> ③ 中国語学校及びタミール語学校の生徒は，下級中等学校に進学する際，1年間の移行学級で学習する。
> ④ 小学校・下級中学校を通じてマレー語学校の教育は無償とする。
> ⑤ 学校修了年齢を15歳に引き上げる。
> ⑥ 中等学校の修了資格試験はマレー語と英語で行う。
> ⑦ 中等学校に対し財政援助を与えるのは，マレー語学校と英語学校のみとする。

　この報告ではさらにマレー化が進み，マレー語優先が明確にされた。学校制度は，小学校6年→下級中等学校3年→上級中等学校2年→大学予備課程2年→大学3年と制定された。

### 4）マハティール報告（1979年）[7]

この報告はカリキュラムや教育制度の目的を国民教育政策の観点から調査するものであった。

① 長期のマンパワーのニーズと同様に短期のニーズにも応じ，さらに統一した規律のある，訓練された社会を形成するための教育制度にする必要がある。
② 下級中等教育では技術及び職業教育は一つの選択科目分野だけに制限しない。
③ 上級中等教育において，人文，科学，技術へのストリームは廃止する。
④ 下級中等教育のカリキュラムは初等学校の延長上にあり，基礎教育をより強化し，職業教育の観点を含む普通教育の導入を勧告。

この報告では中等教育政策において，より質の高いマンパワーを育成することが強調されている。マレーシア計画に基づいた経済発展の基礎となる人材育成が必要であった。

### 5）1996年教育法と第7次マレーシア計画[8]

1996年に教育法の改訂があり，1961年の教育法を見直して，現在の教育制度が形成された。その骨子は以下である。

① 国際社会における競争力強化の重視。
② 国民型学校の転換を規定した条項の削除。
③ 教育大臣による学校理事会・運営会の解散規定条項の削除。
④ 国語政策の堅持を法文に明記。
⑤ 私立学校を国民教育制度の一環として規定。
⑥ 就学前教育を国民教育制度の一環として規定。

ここでは多文化主義の導入を明確にし，一方，国語教育の堅持も強調した。また，同時期に出された「第7次マレーシア計画」（1996-2000）では，人材育成の教育政策として以下の政策が発表された。

① 科学技術分野における教育機関の新設・拡充。
② 内外の教育機関の連携の下での研究開発機能の強化。
③ 理科系への就学促進。

④ 高等教育における英語能力の向上並びに教授用語としての国語使用の強化。
⑤ 退職教師の再雇用促進。
⑥ 教育に対する民間投資の促進。

　この計画によって理系の大学の設置が増えている現状が見られる。このように，バーンズ，ラザク，ラーマン・タリブ，マハティールの報告とマレーシア計画によって教育制度と教育内容が整備され国民教育制度が確立されてきた。

## 3．美術教育課程と視覚言語

　前述のように国民教育制度が確立されてきたが，その基盤となるものは国家理念の「ルクヌガラ（RUKUNEUGARA）」であり，次のように定められている。

我々マレーシア国民は以下の5つの目的の達成を目指す。
（1）複合社会の統一された国家
（2）法的に選ばれた国会による民主社会
（3）すべての者に平等な機会がある公正な社会
（4）多様な文化的伝統を持つ自由な社会
（5）科学と現代技術を志向する進歩的社会

そしてこの国家理念に基づいて教育理念がある。[9]

　マレーシアの教育は全体的で，総合的な個人の潜在能力を高めることを目指し，知的，精神的，情緒的，身体的な潜在的可能性を，神への信仰と服従を基盤として，均衡のとれた調和的な人格を発達させる適切な努力である。こうした努力は，見識のある規律正しい，責任感のある個人の福利を獲得し，社会と国家の調和と発展に貢献できるマレーシア国民を形成しようとするものである。

　現在，学校教育での美術教育は2002年に教科名を「視覚美術教育(Pendidikan Seni Visual)」と改訂して実施されている。以下に小学校と中等学校の美術教育について述べる。

第8章 マレーシアの美術教育にみられる伝統文化と視覚言語

## 1）小学校での美術教育
小学校での美術教育課程では以下のように定められている。

> 1）神の創造における美を尊重する。
> 2）視覚美術の活動において，活発に，批評的に，創造的に，そして楽しく関わる。
> 3）五感を通して，知覚と想像の力を鋭敏にする。
> 4）造形美術の基礎とその活用方法を知る。
> 5）視覚美術の様々な活動において基礎的な技能を伸ばす。
> 6）秩序や配慮，安全を考慮したデザインに親しむ。
> 7）共同作業を通して，自己への信頼，秩序，清潔，安全重視などの多様な価値を実践する。
> 8）マレーシアの芸術の名人や文化を知り尊重する。
> 9）視覚美術の作品制作において技術的な用具を使う。
> 10）効果的な余暇活動として視覚美術の活動に関わる。

こうした目的のために，活動内容として，美術への関心を高め，用具材料の創造的な活用，鑑賞の学習，生活への応用などを含みながら進められている。具体的には，絵画，デザイン，工作，伝統工芸の理解の4つの分野がある。

絵画の分野では，描画，彩色画，コラージュ，モンタージュ，版画，はじき絵，擦り絵，ステンシル，スパッタリング，ポスター，モザイク等の題材がある。

デザインの分野では，構成的内容や模様の作成なども含まれていて，意図的でないデザインと計画的なデザインとに分けている。意図的でないものとして，マーブリング，吹き絵，たらし絵，絞り染め，散らし絵をあげ，計画的なものとしては，描画，版画，彩色画，印刷，折と切断，はじき絵，コラージュ，カリグラフィーである。

工作の分野は立体造形の内容を全て含んでおり，彫刻，アッサンブラージュ，モビール，スタービル，ジオラマ，人形，お面，折り紙などである。そして伝統工芸の理解の分野では，家庭用品，玩具，飾るもの，バティック，

### 3．美術教育課程と視覚言語

織物，彫刻，アニャマン，焼き物，武器である。

　教育課程の解説書による小学校での視覚美術教育の指導内容の特徴としては次のような点があげられる。①造形の要素と表現技法が１学年から具体的に記載されている。②デザインでは模様を含んで，基礎造形としての構成の学習を促している。③コンピューターによる学習が５学年から導入されている。

　ここでは個々の題材の技術的な解説や技法の紹介は略されている。このような解説書に類似したものは，以前からも公表されていて，その一つとして，1987年から1992年にかけて教育省が発行した「特別指導書美術教育」では，学年ごとの美術教育の目的の他に，習得する技能，内容，活動の種類の３項目があげられている。そして完成作品，参考作品が掲載されている。ここでも技術・技法の解説は少なく，その後1998年には教育省カリキュラム開発センターから教師用資料が発行された。それは，題材，材料，用具，技法，指導計画，美術用語の記載された解説が詳細に記載された解説書となっている。

　このように教師のための教育課程，指導書は整備されているが，児童のための美術教育の教科書は公式には初等教育，中等教育のいずれにおいても刊行されていない。しかし，中等教育においては民間の出版社から参考書として従前から発行されているものがある。初等教育の視覚美術教育では，2009年になって児童用の参考書が民間から発行された（注14）。しかし授業の展開は教師に委ねられており，その指導は教育課程に基づいたナショナル・カリキュラムによってなされている。ナショナル・カリキュラムの必要性は，ボルネオ島を東マレーシアとする地理的問題や先住民と多民族の複合社会などの社会状況による諸要因とマレーシア計画の国民統合の理念によるものである。

## ２）中等学校における美術教育

　マレーシア教育省の教育課程開発センターは2000年の教育課程の内容を受けて，2002年に教育課程の解説文書である「指導指針」を公布した。そこでは中等美術教育の具体的内容と指導指針について，例えば第１学年では目標

第8章 マレーシアの美術教育にみられる伝統文化と視覚言語

を次のように示している。

> 1）造形美術の基礎において造形要素と造形原理のすべての面を理解する。
> 2）自然や人工の素材でつくられた作品において，造形要素の観察と応用を通して知覚を発達させる。
> 3）様々なメディア，材料，視覚美術の技法を通して，批評や創造のような視覚的概念を発達させる。
> 4）それぞれの分野において視覚美術作品のもつ目的を達成する。
> 5）学習過程を整理して記録する。
> 6）質の高い視覚美術作品を制作する。
> 7）祖国の美術遺産に対して誇りを持ち外国の美術作品の価値を認める。
> 8）自然とその資源への尊敬の念を培う。

これらの目標を達成するために，学習分野，学習成果，学習活動への提案の3つの項目を定め，具体的題材の紹介をしている。内容は作品制作の領域と視覚美術の歴史と鑑賞の領域からなっている。

第1学年の作品制作の領域は以下の5分野からなっている。

① 造形美術の基礎

　美術の基礎として造形要素（線，形体，形態，材質感，空間，色彩）と造形原理（調和，対比，強調，均衡，リズムと運動，多様性，統一感）を明示している。学習成果としては，造形要素と造形原理を使いこなすことをあげている。題材例としては，模倣，描画，絵画，コラージュ，ポートフォリオ，鑑賞などがある。

② 純粋美術

　純粋美術は，描画，絵画，彫刻，版画の分野をあげており，それぞれの分野での主題のアイデア，メッセージと材料，用具の使い方を学習成果に設定している。学習活動への提案も細かく提示されており，例えば，描画では，材料に鉛筆，色鉛筆，ペン，インク，木炭，クレヨン，パステル，コンピューターをあげ，技法としては自由な線，ジグザグの線などのように，具体的に指示している。他の分野においても同様に，細かく具体例をあげて説明をしている。

3．美術教育課程と視覚言語

③ 視覚伝達

　視覚伝達はグラフィック・デザインを示し，学習成果では，造形美術の基礎を使いこなすことと材料用具の使用を設定している。題材例としてはタイポグラフィー，ポスター，マークのデザインがある。

④ 立体デザイン

　工業デザイン，室内装飾，景観デザインをあげているが，これらの分野は，4・5学年で学習することを指示している。

⑤ 伝統工芸

　伝統工芸では，陶芸とアニャマンが取り上げられている。どちらもマレーシアでは身近に存在する工芸品である。学習成果ではこれらの分野の工芸の技術と知識を身につけることを設定している。そして，学習活動の例としては，材料，用具，技法の習得だけではなく，美的な基準や鑑賞も奨励している。

　次に，視覚美術の歴史と鑑賞の領域では，作品制作の領域と同じ分野の題材において，その歴史と鑑賞の学習を設定している。著名な画家や名工が紹介されマレーシアの代表的な芸術家を知ることを促している。また，学習活動としては，情報の調査収集，情報の記録，討論，ポートフォリオ作成，訪問，実演などの方法を提案している。

　第2学年以降も基本的には第1学年と同様で系統的な教育課程に基づいて，学習の広がりと深化が行われている。例えば2学年では，生活における美術の役割と価値を認識したり，4・5学年では，生産デザインの分野が導入されたり，情報技術の活用を奨励したりしている。

　また，第2学年の美術史と鑑賞の領域では，純粋美術と伝統工芸をあげ，マレーシアの純粋美術と伝統工芸とイスラム美術，西洋美術との相違比較を学習成果としている。伝統工芸では木彫と刺繍を取り上げ，作品制作の領域との関連をもたせている。第3学年の美術史と鑑賞の領域では，純粋美術，バティックと織物工芸，道具，玩具，オーナメントがあげられている。織物は西洋のものと比較している。武器や楽器，日用品も美術史と鑑賞の対象としている。

第8章　マレーシアの美術教育にみられる伝統文化と視覚言語

　以上が日本の中学校に相当する。高等学校の内容としては，第4・5学年として，作品制作の領域の，造形美術の基礎，純粋美術においては材料や技法が増えてくるが，内容的には第3学年と同様である。視覚伝達の分野では，グラフィック・デザインに加えてマルチメディアの分野が追加される。特にコンピューターを活用したデザインの内容が強調されているが，その基礎には従来のように手描きとしてのデザインの学習が重視されている。題材例としては，コーポレートアイデンティティ，出版のためのデザイン，カリグラフィー，タイポグラフィーがある。

　この学年から実施される分野では立体デザインがある。具体的には工業デザインと環境デザインの内容である。工業デザインの内容においては問題解決学習を学習の成果としている。問題の確定→調査研究→制作過程→評価のプロセスを採っている。題材としては家具，調度品，自動車をあげている。

　環境デザインの内容では2つの題材があり，室内装飾と景観デザインである。室内装飾ではその機能，空間，採光，空調，配置，家具，色彩計画，装飾などの知識と原理の理解を学習成果として設定している。景観デザインでは景観，環境の要素として土地，植物，ロケーション，水流，相互関係をあげている。実際の題材として平面上にスケッチと図を描き，立体模型を制作し，作品の結果を想定する。

　伝統工芸の分野は，陶芸，アニャマン，木彫，刺繍，バティック，織物がある。決められた材料，道具，技法を使ってこれらの作品制作を行う。

　美術史と鑑賞の領域ではマレーシアの視覚美術の発展として，美術団体や組織，輸送機器，建築，民族衣装を取り上げている。この学年では全体的に研究的な内容を含んだ題材と方法が多く採られている。

## 3）視覚言語の教育

　前述の教育課程と指導指針に基づいた美術教育の参考書籍が，2003年から民間によって数種類，順次刊行されている。[10] ここでは視覚言語に基づく題材が多数詳述されている。例えば，中等教育第1学年では，題材全体が，①線，②形体，③形態，④材質感，⑤空間，⑥色彩，⑦調和，⑧対比，⑨強調，⑩均衡，⑪リズムと運動，⑫多様性，⑬統一感，⑭描画，⑮絵画，⑯彫

### 3．美術教育課程と視覚言語

刻，⑰版画，⑱グラフィック・デザイン，⑲陶芸，⑳アニャマン，となっており，そのうち①から⑬までが視覚言語の内容となっている。第2学年以降も，視覚言語の題材に占める割合は大差なく，中等美術教育において視覚言語を重視している。2学年にわたって同じ題材を学習するようになっている。それらの内容は系統性を有し，例えば，線の題材の1学年と2学年の内容を見ると，第1学年では，線の紹介，物理的な線，様々な線，線の表情，線の技法，線と表現効果，線と美術の要素の関係，線とシンボル，線と模様，などがあげられている（図1－3）。第2学年の線の題材では，造形要素としてのまとまった題材を提示し造形要素について総合的に解説している（図4－6）。これら2学年の内容を見ると，造形要素の取り扱いは，絵画，視覚伝達デザイン，立体デザイン，彫刻，版画，工芸などの様々な表現分野を対象としている。この学習を美術教育の基礎として位置づけている。特に第2学年では題材のほとんどが造形要素と造形原理に費やされている。これらは単にデザインの基礎と捉えるのではなく，幅広いすべての表現分野を対象として学習するような内容となっている。

### 4）教員養成の事例

マレーシアでの美術教員の養成はスルタン・イドゥリス教育大学（UPSI: Universiti Pendidikan Sultan Idris 以下 UPSI）と全国27校ある教員養成学院（Institut Perguruan）で行われている。教育大学では中等教育を教員養成学院では初等教育の教員養成を行っている。他にマレーシア科学大学，マラ工科大学なども美術学部を有しており中等教育の美術教員の養成を行っている。

マレーシアは教員の計画養成をナショナル・カリキュラムに基づいて実施しているので，国民文化としての美術文化の教育においては内容の標準化が図られ，前述の教育課程の内容を遵守しているといえる。

UPSIは現在，言語コミュニケーション，音楽・パフォーミングアート，教育・人間開発，自然科学，美術・コンピューター創造，経営・経済，スポーツ科学，人文，技術・職業の9学部を擁する総合大学である。美術教員の養成は「美術・コンピューター創造学部」でなされている。そしてこの学部は，美術・デザイン学科，マルチメディア創造学科，コンピューター学科の

第8章　マレーシアの美術教育にみられる伝統文化と視覚言語

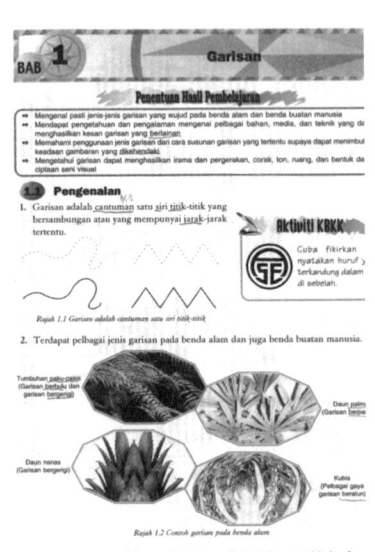

図8－1　線の紹介（中等1学年）

図8－2　線のリズムと動き（中等1）

図8－3　自然界の線と人口の線
　　　　（中等1）

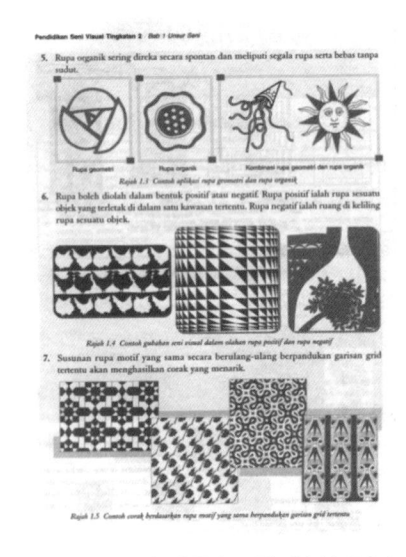

図8－4　造形要素　形（中等2年）

3．美術教育課程と視覚言語

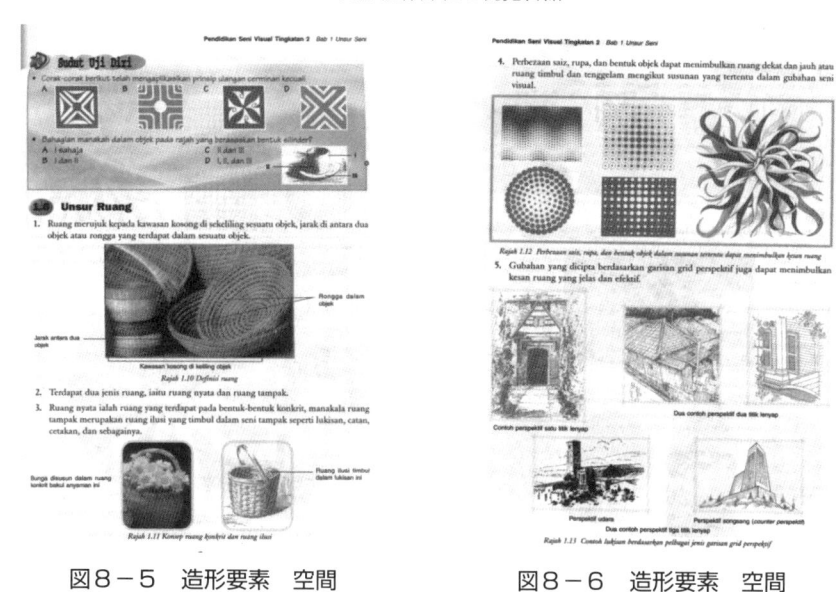

図8-5　造形要素　空間
　　　　（中等2年）

図8-6　造形要素　空間
　　　　（中等2年）

3つの分かれており，美術・デザイン学科が美術教員の養成を行っている。美術・デザイン学科は美術コースと視覚伝達コースに分かれており，そこでは絵画，版画，彫刻，印刷，視覚伝達デザイン，印刷，染織，生産デザイン，環境デザイン，陶芸，木工，金工の工房が置かれ作品制作を行っている。

　グローバル化する現代社会に対応するために，美術と情報技術を融合する学部において美術教育の教員養成を行っている。そしてマレーシア独自の伝統文化の継承とグローバル化の融合を図って試行錯誤をしている状況にある。例えば，工芸分野での作品制作では伝統的な内容を生かして現代に通じるデザインを模索している（図7，8）。また，領域を統合することで新たな創造手段を取り入れている（図9）。UPSIは国民文化としての伝統文化を継承する美術教育に留まらず情報化，国際化する美術への対応のために，オープン・マーケットをキーワードにカリキュラム改革を行っているのである。[11]　美術教育が文化の継承と創造として機能するように，現実の社会に関連する美術教育の内容の模索である。

―111―

第8章 マレーシアの美術教育にみられる伝統文化と視覚言語

図8-7 籐の工芸とデザイン
(UPSI)

図8-8 現代的模様による陶芸
(UPSI)

図8-9 籐と金属によるオブジェ
(UPSI)

# まとめ

　美術教育の理念や目的には創造性の育成が謳われている。それはどのような状況においても同様で，美術教育の実際が異なるのはその基盤となる社会や国家，地域等の文脈によるものである。特にアジアにおいては多様な民族，宗教，社会体制，西洋の植民地化の影響などの様々な要因が存在し，美術教育の文脈に多様性を齎している。

　創造性の育成の方法として2つが考えられる。一つは時間軸による発想であり，二つ目は空間軸による発想である。時間軸による方法は歴史や伝統文化に基づくものであり，「古いものは新しい」[12]とされる考え方である。国家や民族が持つ固有の伝統文化を継承，刷新することで独自の文化を発展させることができる。空間軸による方法はグローバル化している現代社会におけ

る美術文化の広がりによるものである。アジアにおける西洋文化の影響はその顕著なもののひとつである。また，デザインによる国際様式の確立もそれであり，美術表現のもつメッセージを重視する現代美術も領域を超えた表現である。

　マレーシアの美術教育では視覚言語を多用している。時間軸からの創造性と空間軸による創造性の両者の共通項として視覚言語を用いている。国民文化の確立と発展を目的とするマレーシアを構成するそれぞれの独自文化を理解，継承，刷新するために造形要素と造形原理を活用し理解と創造を促している。さらにインターナショナル・スタイルの流布がもたらす現代のデザインと限定された空間を超えてメッセージを発信する現代美術の表現においても，視覚言語による方法が一つの創造的表現になっている。そして両者を結びつけ可能性を育むために視覚言語が存在している。

## 付　記

　本稿は拙稿，博士論文「アジアにおける視覚言語による美術教育の展開―シンガポール，マレーシアの事例―」（山口大学大学院東アジア研究科2012年提出）の一部を書き改めたものである。科学研究費補助金（C）「アジアにおける美術教育の文脈研究」（課題番号24531091）の成果の一部である。

### 引用文献ならびに註
1）マレーシア日本人商工会議所（2008）『マレーシアハンドブック第8版』pp.3-7.
2）岩崎育夫（2001）『アジア政治を見る眼』，中央公論新社，p.107.
3）根津清（1994）『マハティール　アジアの世紀を創る男』，ザ・マサダ，pp.125-215.
4）Saeda Hj Siraj dll,（1993）*Pendidikan di Malaysia,* Utusan Publication & Distoributors Sdn Bhd，pp.49-50.
5）Saeda Hj Siraj dll,（1993）*Pendidikan di Malaysia,* pp.53-56.
6）Saeda Hj Siraj dll,（1993）*Pendidikan di Malaysia,* pp.58-59.
7）武熊尚夫（1998）『マレーシアの民族教育制度研究』，九州大学出版会，pp.28-29.
8）財団法人自治体国際化協会（2001）『マレーシアの教育』，p.9.
9）マレーシア日本人商工会議所（2005）『マレーシアハンドブック2005』．
10）Katheleen Chee（2003）*Kunci Masteri Pendidikan Seni Visual Tingkatan 1,* Penerbitan Pelangi Sdn Bhd．などが出版されている。
11）2013年5月にUPSIで実施された外部評価委員会において美術・デザイン学科のDr.Mohammad Rusdiは美術教育の教育課程を一般社会に就職するためのオープン・マ

第8章　マレーシアの美術教育にみられる伝統文化と視覚言語

ーケットを想定して変革したいと述べた。UPSIでは近年教職に就く学生が減少しており，情報関係やデザイン関係への就職が高まってきている。そうした状況に対応した美術教育の教育課程の改革としてオープン・マーケットをキーワードとしている。UPSIの特質を生かして，教育関連産業や環境や人間のためのデザイン産業が想定される。

12) 台湾の国立台北教育大学の林曼麗教授によれば，国立故宮博物院などの歴史的遺産を用いて，新たな美術作品の創造を目指すような取り組みとして「古いものは新しい」として進めることができるとされている。(2011年8月の取材による)

## 図版出典
図1－6：Katheleen Chee, *Kunci Masteri Pendidikan Seni Visual Tingkatan 1, 2*

## 参考文献
- KEMENTRIAN PENDIDIKAN MALAYSIA（2002）*Kurikulum Bersepadu Sekolah Rendah, Huraian Sukatan Pelajaran PENDIDIKAN SENI VISUAL,* Pusat Perkembangan Kurikulum Kementrian Pendidikan Malaysia.
- Kementrian Pendidikan Malaysia（1998）*Kurikulum Baru Sekolah Rendah Buku Panduan Khas PENDIDIKAN SENI Tahun Dua.* 他がある。
- Buku Sumber Guru（1998）*Pendidikan Seni Kurikulum Bersepadu sekolaha Rendah,* Pusat Perkembangan Kurikulum Kementrian Pendidikan Malaysia.
- KEMENTRIAN PENDIDIKAN MALAYSIA（2002）*Kurikulum Bersepadu Sekolah Menengah, Huraian Sukatan Pelajaran PENDIDIKAN SENI VISUAL,* Pusat Perkembangan Kurikulum Kementrian Pendidikan Malaysia.
- Universiti Pendidikan Sultan Idris（2012）*Buku panduan Akademik Program Ijazah Sarjana Muda Sesi 2012/2013 Fakulti Seni, Komputran & Industri Kreatif.*

# 第9章 シンガポールの美術教育における伝統文化と現代化

佐々木宰

## はじめに

　シンガポール共和国（以下，シンガポール）は，マレー半島南端のシンガポール島と周囲の島嶼からなる都市国家である。国土は極めて狭小だが，1965年の独立以来，驚異的な経済成長を遂げ，今も発展を続ける東南アジアの金融・物流の中心地である。シンガポールはまた，中国系，マレー系，インド系の住人からなる多民族・多文化国家であり，英語と民族母語による二言語教育政策がとられていることでもよく知られている。民族間の共通言語となる英語の習得と同時に，民族の文化的アイデンティティ保持のために民族母語の習得もまた求められるのである。

　言語が自らの民族的な帰属意識や文化的背景への認識に大きく関与するように，美術や工芸といった視覚芸術もまた，民族の文化表象として強い影響力をもつ。これまで，シンガポールの美術教育では，それぞれの民族の伝統的な美術や工芸を扱った制作や鑑賞の題材が扱われてきた。それらは中国，インド，マレーの三つの文化からなるシンガポールの美術・工芸の特徴を反映し，多民族・多文化社会における美術教育として長く実践されてきた。しかし，今世紀を迎えてからは，こうした特徴は希薄になると同時に美術教育の教育目標や内容も大きく様変わりしている。本稿では，シンガポールの美術教育において伝統的な民族文化がどのように教材化されていたかを教育課程や教科書を参照しながら確認し，さらにそれが今世紀になってどのように変容してきたかをみていく。これらを通して，時代の変化の中で美術教育が文化に関わる教育としてのどのような役割を果たすことができるのか，多民族・多文化社会をもつシンガポールの事例を通して考えてみたい。

## 1．多民族・多文化国家シンガポールの教育

　マレー半島の南端，赤道まであと100キロ程度という地点にある淡路島ほ

第9章　シンガポールの美術教育における伝統文化と現代化

どの小さな島国が，シンガポールである。国土面積はシンガポール本島と周辺島嶼を合わせて約716平方キロ，人口は約531万2千人（シンガポール国民や永住者は約381万8千人）である。人口密度は平方キロあたり7,422人であるから，世界有数の人口過密国家である。[1] 極めて狭小な国土でありながら独立国家として成立していることに驚く人は多いが，シンガポールが注目を集めるのはこの小さな都市国家が，今やアジアで最も豊かな国となっていることによる。2012年の国民一人当たりのGDPは5万2,051米ドルに達し，[2] アジア第1位となった。

住民の構成は，中国系74.2％，マレー系13.3％，インド系9.2％，欧州人などを含むその他3.3％となっている。[3] それぞれの民族は独自の言語（中国語，マレー語，タミル語），宗教（仏教・道教，イスラム教，ヒンドゥ教），文化や慣習を持っており，多民族・多文化の複合社会を形成している。

さて，シンガポールの教育としてよく知られているものは，英語と民族母語とによる二言語教育と，徹底した能力主義に基づく複線型の学校教育制度である。二言語教育には，多民族社会における共通言語としての英語を習得させることと同時に，民族母語の習得を通して民族のアイデンティティを保持させるという目的がある。英語の習得は民族間のコミュニケーションのほかビジネスや国際的な見地からも有利であるが，そうした実利性や合理性とは別に，母語の習得による民族意識の保持が求められているのである。

もう一つの教育の特徴である複線型の学校教育制度は，早期から子どもの能力を見極めてそれぞれに応じた教育機会を与えることで，人的資源を効率的に開発・配分するという考えに基づいている（図9－1参照）。つい最近までは初等学校第4学年修了時の成績に基づいて，第5学年以降に能力別の3コースが設定されていたが，この最初のチェックポイントで見極められる能力が言語能力であった。現在ではこの3コース制は廃止されているが，初等学校修了試験の成績に基づいて中等学校では快速（特別）コース，普通コース等に分かれ，それ以降も能力別に教育機会が与えられる複線型の構造は変わっていない。[4] シンガポールの子どもたちは，民族母語と同時に公用語でも[5]あり社会生活を営む上で必須となる英語を習得しながら，きびしい学校での

## 1. 多民族・多文化国家シンガポールの教育

選抜にさらされていく。優秀な子どもには将来の官僚になるべく高水準の教育機会が与えられるが、学力が低いと判定された子どもには技術職業教育や就労するルートが待っている。

天然資源に乏しいシンガポールにとって、能力主義と二言語教育の二つの原理に支えられた学校教育制度は、人的資源を開発して効率的に社会に供給するエンジンとして働いているといえる。また、多民族社会における民族間の軋轢を吸収する緩衝地帯としても機能している。独立以来、開発による経済発展と民族間の融和に配慮した国内統治は重要な課題であり、学校教育制度はこの課題を克服するための戦略的な政策の一つであったともいえる。

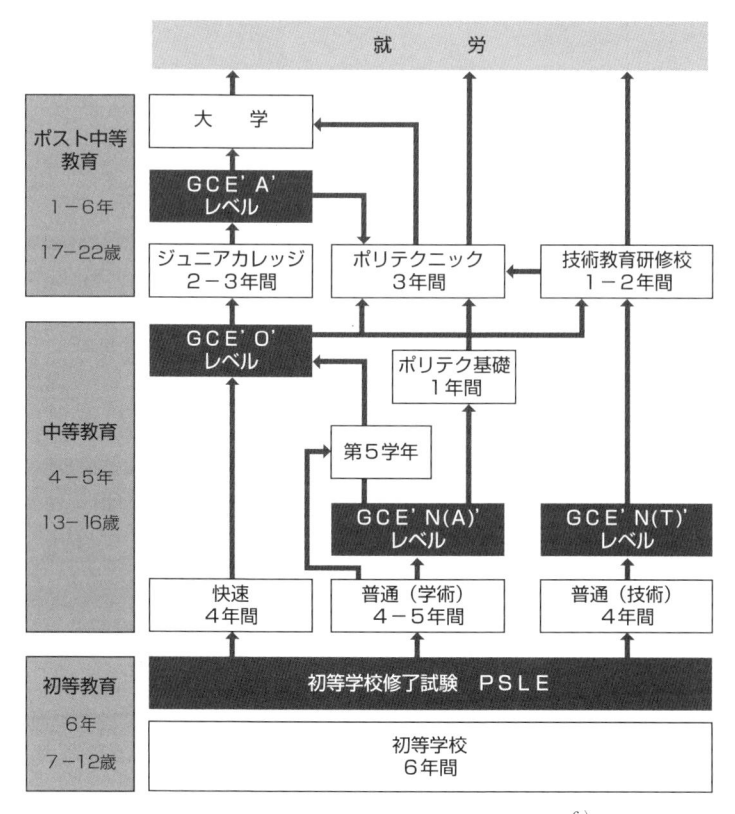

図9-1 シンガポールの学校教育制度[6]

第9章　シンガポールの美術教育における伝統文化と現代化

# 2．シンガポールの教育改革と美術教育の変容

　現在，シンガポールの美術教育は，初等学校及び中等学校において「美術（Art）」という教科名で実施されている。長らく初等学校では「図画工作（Art and Crafts）」，中等学校では「美術（Art）」とされていたが，2009年以降は「美術（Art）」の教科名に統一された。

　美術の目標や指導項目等については，美術シラバスを通して示される。シラバスは教育省が公示する教育課程の基準であり，ちょうどわが国の学習指導要領に相当する。シンガポールのシラバスも，わが国の学習指導要領と同じように教育改革や政策変更に伴って幾度かの改訂を経ている。

　現行の美術シラバスは，2009年から実施されているものである。改訂をさかのぼると，2001～2002年，1992～1993年，1983年，さらにそれ以前，となる。なかでも1990年代から2000年代，すなわち20世紀末から21世紀にかけての改訂は抜本的で，その変化は際立っている。1990年代後半からは，わが国でもそうであったように，21世紀に向けての教育改革が国家的プロジェクトとして進められていた。「考える学校・学ぶ国家（Thinking Schools, Learning Nation）」という基本方針のもとで，「考える技術（Thinking Skills）」，「国民教育（National Education）」，「情報技術（Information Technology）」などの教育政策が示された。考える力と創造性を開発するゆとりあるカリキュラム，シンガポール人としてのアイデンティティを高める新たな国民統合，教育の情報化促進に関する具体的なプランが提案され，それに沿って改革が進められた。21世紀になってからも教育改革は継続され，今度は知識偏重による弊害を是正するために「少なく教え，多くを学べ（Teach Less, Learn More）」という基本方針が発表され，教育政策の軌道修正が行われた。

　前世紀からの一連の教育改革に呼応して，美術教育のシラバスは抜本的に改訂され，2001～2002年に実施されている。その基本路線を踏襲しながらさらに修正を加えられたものが，現行の2009年実施のシラバスである。前世紀から今世紀にかけてのシラバスの変化を端的にいえば，絵画や立体などの

## 2．シンガポールの教育改革と美術教育の変容

表現や作品鑑賞の活動を基盤にした従来型の美術教育から，視覚的な媒体から意味を読み取って価値付けていくビジュアル・リテラシーの教育への転換である。

例えば，1990年代の初等学校図画工作の教科目標は，「①絵画や平面・立体のデザイン，プロジェクトワークを通して生徒の想像力を刺激し，創造性を培うこと。②多様な美術の活動を通して，視覚的な世界を探求する機会を提供すること。③日常生活における人工物，自然物の美的な価値の理解や鑑賞を導くこと。④美術を探求する態度を培うこと。」と示されていた。[7] さらに具体的な活動内容として「絵画制作」，「デザイン」，「立体活動」，「手工芸」，「美術鑑賞」などが設定されている（表9－1参照）。教科目標にはわが国の学習指導要領によく似た部分もあり，活動内容は絵画やデザインといった一般的な美術の領域区分で示されているため，美術や美術教育に携わる者にとってはわかりやすいものであった。しかし，1990年後半からの教育の情報化に伴うコンピュータや映像機器を用いた表現や，従来の美術の枠にとらわれない現代的な美術表現が現れ始めると，そうした新しい表現への対応に困難が生じていた。

表9－1　1990年代の図画工作の活動内容[8]

| 活　動 | 配分 | 時間数 | 課題数 |
|---|---|---|---|
| 絵画制作 | 30% | 19 | 5～6 |
| デザイン | 20% | 13 | 3～4 |
| 立体活動 | 15% | 10 | 2 |
| 手工芸 | 15% | 10 | 2 |
| 美術鑑賞 | 20% | 12 | 全課題に含む |

これに対して，現行シラバスにおける美術の教科目標は，「すべての子どもたちに視覚的な読みかきや美術鑑賞ができるようにすることである」と，ひじょうに簡潔に示されている。[9] 具体的な活動は示されておらず，「見ること」，「表現すること」，「鑑賞すること」という3つの観点が学習の枠組みと

第9章　シンガポールの美術教育における伝統文化と現代化

して示されている。教科目標にある「視覚的な読み書き」とは，視覚を通して観察，理解，意味づけをすることであり，視覚的媒体を使ったり，創造したりすることによるコミュニケーションと説明されている。また，「美術鑑賞」とは，美術が生活に関与していることの価値を認識・理解させるもの，であるという。したがって，教科目標の文面からは，美術は日常生活で見出される色彩や形態の諸相であり，それを理解するためのリテラシーの教育が美術教育である，という位置づけを読み取ることができよう。

　旧来の美術教育では，絵画や立体などの具体的な作品制作や作品鑑賞が学習の中心にすえられていたが，新しいシラバスでは絵画や立体というような特定の表現形式から距離をとり，中立的な立場が貫かれている。美術の内容の全体像は，次図のように，作品を中心にすえた概略図として示されている[10]。

　1990年代までの美術教育においては，絵画や立体，デザインや工芸といっ

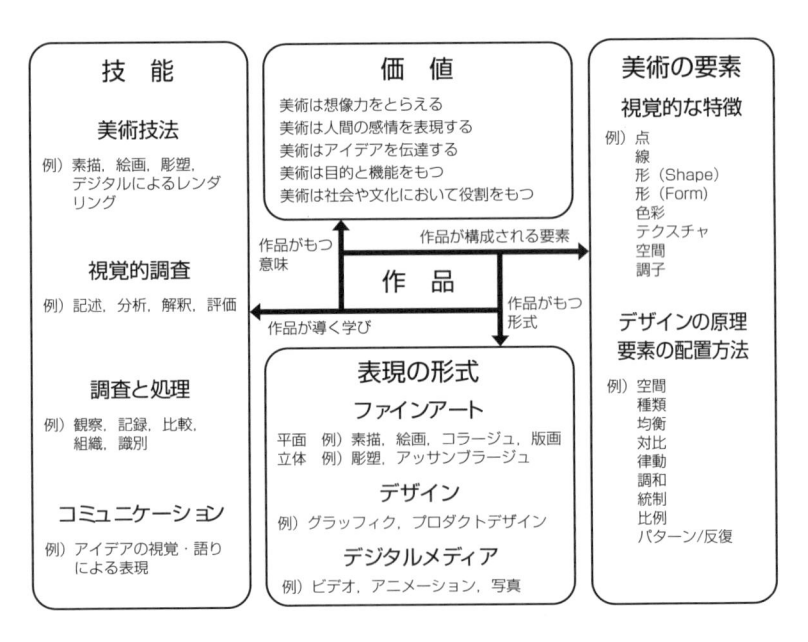

| 技　能 | 価　値 | 美術の要素 |
|---|---|---|
| 美術技法<br>例）素描，絵画，彫塑，デジタルによるレンダリング | 美術は想像力をとらえる<br>美術は人間の感情を表現する<br>美術はアイデアを伝達する<br>美術は目的と機能をもつ<br>美術は社会や文化において役割をもつ | 視覚的な特徴<br>例）点<br>　　線<br>　　形（Shape）<br>　　形（Form）<br>　　色彩<br>　　テクスチャ<br>　　空間<br>　　調子 |
| 視覚的調査<br>例）記述，分析，解釈，評価 | ←作品がもつ意味　作品が構成される要素→<br>**作　品**<br>←作品が導く学び　作品がもつ形式→ | デザインの原理<br>要素の配置方法<br>例）空間<br>　　種類<br>　　均衡<br>　　対比<br>　　律動<br>　　調和<br>　　統制<br>　　比例<br>　　パターン/反復 |
| 調査と処理<br>例）観察，記録，比較，組織，識別 | 表現の形式<br>ファインアート<br>平面　例）素描，絵画，コラージュ，版画<br>立体　例）彫塑，アッサンブラージュ<br>デザイン<br>例）グラフィク，プロダクトデザイン<br>デジタルメディア<br>例）ビデオ，アニメーション，写真 | |
| コミュニケーション<br>例）アイデアの視覚・語りによる表現 | | |

図9-2　現行シラバスの美術の内容概略図

た一般的な領域区分における表現活動が「美術」であり，これを制作や鑑賞を通して子どもたちに学習させるものが美術教育であった。すなわち，子どもたちは内的な心情や思考を作品に表しながら知識や技法を獲得し，創造的な態度を身につけていくことが期待されていたのである。しかし今世紀に入ってからは，美術は日常生活における視覚的な事象を読み解いて価値づける行為とされ，そのための視覚的なリテラシーの学習が美術教育とされた。絵画や立体などの領域区分の意識は撤廃され，それらは多様な視覚的事象の一例とされた。子どもたちにとって絵画は自分を表す手段であるというよりも，むしろ理解すべき対象として扱われているのかもしれない。外界の視覚的な事象を取り込み，再解釈するなかで表現の技法や原理，意味を理解してくことが期待されている。

このように，20世紀から今世紀への美術教育のシラバスの変化は著しい。その背景には，1990年代後半からの教育文化政策がある。美術表現の多様化，メディアの拡大といったアートシーンの変化とともに，産業としての美術にも注目が集まり，知識経済に対応した教育文化政策のなかに美術が組み入れられていった。美術教育における創造性の育成という主要なテーマの解釈の文脈は大きく転換し，この変化は教科書の内容や題材にも反映されている。

## 3．1990年代の美術教科書の題材にみる伝統的な民族文化

シンガポールの美術教科書は，1980および1990年代を通して，Federal Publications 社から初等学校用『Art and Crafts』と中等学校用『Art for Lower Secondary』が刊行されていた。[11] 今世紀に入って，改訂シラバスに対応した教科書が複数の出版社から刊行されていたが，現在は初等学校用『Perfect Match Art for Primary』，中等学校用『Art in Life Lower Secondary』がともに Pearson Education South East Asia 社から刊行されている。[12]

本節および次節では，これらの美術教科書において，伝統的な文化や民族文化がどのように扱われていたのかを見ていくことにする。というのも，

## 第9章　シンガポールの美術教育における伝統文化と現代化

1990年代に使われていた教科書（以降，旧教科書）は，中国・マレー・インドの美術工芸の文化が鑑賞題材として紹介されるだけではなく，表現活動の題材としても数多く設定されているという特徴をもつからである。他方，現在の教科書（以降，新教科書）には伝統的・民族的な文化の意識が希薄で，むしろ造形一般を対象に造形原理や視覚言語などの視覚リテラシーの習得に主眼が置かれている。旧教科書と新教科書における伝統文化や民族文化の題材例と，その扱いの変化について確認していくこととする。

さて，旧教科書では，特に初等学校用の教科書に伝統的・民族的な題材が数多く見られる。中国文化，マレー文化，インド文化それぞれからテーマを取り上げた題材もあれば，民族文化の多様性を取り上げた題材もある。

例えば，「凧」をテーマにした題材も，中国系，マレー系の凧づくりの題材が紹介されている（図9-3：第4学年，図9-4：第5学年）。もちろんこれは人種別に題材が用意されているのではなく，すべての子どもたちが学ぶものである。

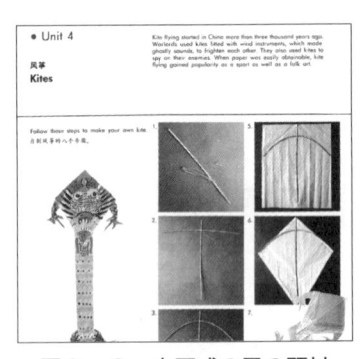

図9-3　中国式の凧の題材　　図9-4　マレー式の凧の題材

また，「人形」をテーマにした題材には，さまざまな民族文化のイメージが反映されており，興味深い。例えば図9-5は中国文化をイメージした操り人形を制作する第4学年の題材である。図9-6は，隣国インドネシアの伝統文化である影絵人形ワヤンを扱う第5学年の題材，図9-7はインド文化をイメージした人形を鑑賞する第2学年の題材である。

## 3．1990年代の美術教科書の題材にみる伝統的な民族文化

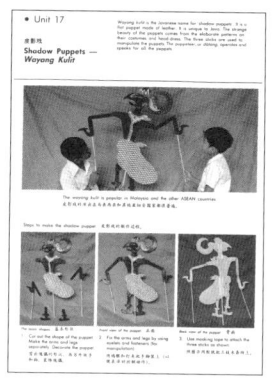

図9-5　中国の操り人形　　図9-6　インドネシアのワヤン　　図9-7　インドの人形

　この他にも，中国美術の代表である中国画（水墨画）は複数の学年でよく取り上げられており，技法習得を通した表現制作と，鑑賞の両方で題材化されている。中国のランタンや，伝統的なマレー文化であるバティック（ろうけつ染め）の題材もまた複数の学年でよく取り上げられている。

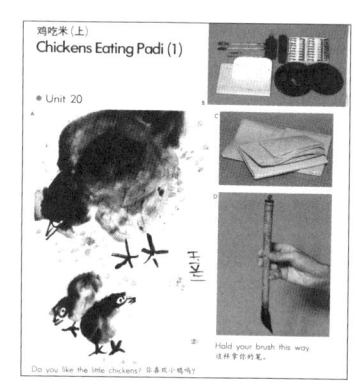

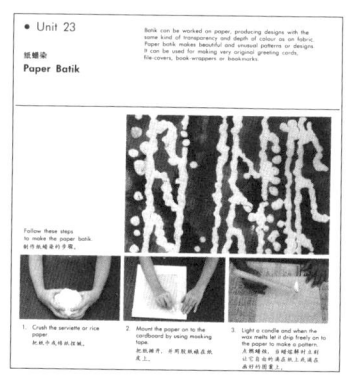

図9-8　中国画の題材　　図9-9　紙を使ったバティックの題材

　これらの題材は，例えば中国画のように墨と筆を用いて伝統的な基礎技法を学ぶものもあれば（図9-8，第3学年），伝統的な文化から技術的な原理やテーマを借りて，子どもの教育用に再構成して題材化したものもある。ろ

第9章　シンガポールの美術教育における伝統文化と現代化

うけつ染めの原理はそのままに，素材や用具をより簡素なものにして再構成したバティックの題材はその例である（図9-9，第5学年）。

シンガポールはもとより，東南アジアの伝統と文化を取り上げた題材もある。例えば，図9-10は東南アジアの伝統舞踊を取り上げたものである。バリ，フィリピン，タイ，マレーなどの伝統舞踊が紹介されている。それぞれについて話し合う鑑賞題材でもあり，伝統舞踊をテーマに絵を描く表現題材でもある。

図9-10　東南アジアの舞踊の題材

以上のように，初等学校の旧教科書においては民族文化，伝統文化を扱った教材が相当数掲載されている。その背景には，中国系，マレー系，インド系からなる多民族・多文化社会があり，それぞれの民族の文化，伝統文化の題材を意図的に取り入れていることが明らかである。美術の作品制作や鑑賞活動を通して，それぞれの文化の特徴とともに，文化の多様性を意識させるねらいが教科書題材から汲み取ることができよう。また，中等学校の旧教科書では，表現題材として中国画や伝統工芸がとりあげられているが，紙面の多くは美術一般の技法解説に割かれている。ただし，シンガポールの美術史，シンガポールの多様な建築物などの鑑賞題材については，写真とともに詳細な解説にかなりの紙面が当てられており，植民地時代からのシンガポールの近代美術の展開が紹介されている。

## 4．現行の美術教科書にみる伝統的な民族文化

初等学校の旧教科書では伝統文化や民族文化を扱った題材が数多く見られたのに対して，現在使われている初等学校の新教科書では，そうした傾向は

## 4．現行の美術教科書にみる伝統的な民族文化

ほとんど見られなくなってしまった。むしろ，点・線・面や，形態・色彩・テクスチャといった造形要素や造形原理の学習に比重が置かれているため，既存の美術作品や美術文化の扱いは淡白な印象を受ける。シンガポールの作家や美術が取り上げられることはあるが，説明のための事例として作品が掲載される程度で，地元の美術や伝統文化そのものを学習対象とするものではない。

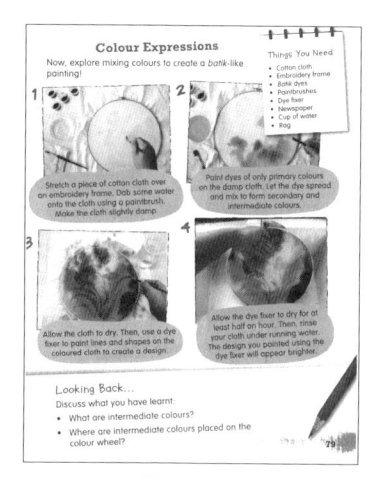

図9-11 　　　　　　　　　　　図9-12

伝統的な文化に触れた数少ない題材としては，色の混色を学習する題材 Colour Mixology（図9-11，第4学年）でバティックに類似した彩色を体験するものや，中国画を通して筆遣いを学習する題材 Different Strokes（図9-12，第6学年）がある。前者では，色の混色が主たる学習内容なので，バティックは色彩学習の事例の一つとして紹介されるにとどまっている。後者の題材は，中国画の筆遣いを学び，典型的な基礎作例である竹を描くまでの学習である。伝統的な民族文化を直接的に扱った題材は，初等学校の新教科書全体を通してこれだけであるといってよい。

他方，中等学校用の新教科書では，伝統文化の記述が「私たちの歴史」，「私たちの伝統」などの単元にまとめられ，伝統的な民族の文化や自国の美術が

第9章　シンガポールの美術教育における伝統文化と現代化

取り上げられている。例えば、「私たちの伝統」の単元の巻頭頁には、「伝統はある世代から次の世代へと受け継がれる実践です。シンガポールでは、私たちの伝統は宗教や文化につながっています。この単元では、美術制作がいかに私たちの伝統的実践の一部となっているかを見ていきます。私たちはまた、いくつかの伝統的な美術のかたちをも学んでいきます。」[13] という導入の言葉が記述されている。

図9-13　伝統的な衣装　　　　　図9-14　伝統的な儀式

　この題材の中で紹介されているのは、「伝統的な衣装」としてマレー及びインドネシアの工芸であるバティック（図9-13）、「伝統的な儀式」としてインドの床絵コラム（図9-14）、「伝統的な飾り」として中国の切り絵（図9-15）、「書（カリグラフィ）」として中国やアラビア語の書（図9-16）のほか、伝統的な美術を取り入れた現代のデザインなどである。
　以上のように、現行の新教科書においては、初等学校段階では伝統的な文化はほとんど扱われず、民族的な美術文化が紹介されることもない。他方、中等学校段階では、伝統文化に関する単元が設けられて、中国系、マレー系、インド系を代表する造形文化が取り上げられている。全体を通してみると、新教科書の特徴は、生活空間の視覚的な諸事象を読み解き、視覚リテラ

5．美術教育の現代化と新時代の芸術文化政策

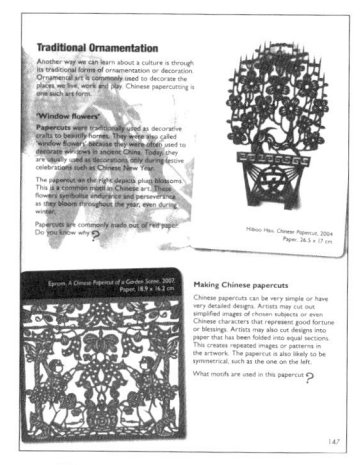

図9-15　伝統的な飾り　　　図9-16　書（カリグラフィ）

シーの育成を標榜する新シラバスの方針を忠実に具体化したものであるといえる。したがって，伝統的な文化や民族的な美術も，それぞれの民族的出自の立場からそれらを捉えさせるというよりは，ニュートラルなシンガポーリアンとしてそれらを対象的に理解させたり，造形の要素や原理を学ぶ上での身近な事例として扱われているように見える。

## 5．美術教育の現代化と新時代の芸術文化政策

　成長を続けるシンガポールにとって，学校教育制度は人的資源を効率的に開発して社会に供給するための重要なエンジンであり，多民族・多文化社会の国民統合を図る場として機能してきたといえる。二言語教育は，民族間の共通言語，ビジネス言語としての英語によるコミュニケーションの社会的基盤をつくる一方で，民族の文化的なアイデンティティ形成を促し，なおかつ二言語の能力は学校教育制度における選別の指標として機能してきた。こうした能力主義や競争的な学校教育の中で，従来の美術教育は，進路に直接影響しないことにもよるのだろうが，比較的穏やかな状況であったことがうかがえる。むしろ，美術教育は能力主義的な志向性から一定の距離を置き，中国，マレー，インドの民族的な文化や伝統的な文化を扱いながら，相互理解

## 第9章　シンガポールの美術教育における伝統文化と現代化

や民族融和を促しつつ美術表現を学ばせる教育として機能することが期待されていたのではないか。旧教科書の素朴な紙面構成や題材が伝えるように，かつての美術教育は一般的な美術の表現区分による子どもの表現活動をベースにしたものだった。学習を通して育成される創造性や文化理解は個人に帰する属性として理解され，そのこと自体がシンガポールの成長エンジンを回すものになるとは考えられていなかったであろう。

しかし，今世紀に入ってからの新しい美術シラバスでは，美術は生活空間における視覚的現象の理解であり，美術教育は視覚的なリテラシー育成の教育と解釈されるようになった。初等学校用新教科書には，かつてのような民族の伝統文化を扱う題材はほとんど見られなくなった。中等学校用には伝統文化の単元として解説が加えられているが，初等・中等全体を通して伝統文化に対する意識は希薄であるといえる。

伝統的な民族文化を含めた美術や工芸を，制作体験や自己表現を通して学習する1990年代までの美術教育を従来型とするならば，今世紀になってからの美術教育は，まさに現代化の過程を進んできたといえる。その過程の第一の特徴としては，美術を通した民族的なアイデンティティ保持からシンガポーリアンとしての国民意識醸成への緩やかな転換であろう。第二の特徴としては制作体験型教育から視覚的なリテラシー教育への転換である。このような美術教育の現代化の過程は，多民族・多文化国家シンガポールにおける新たな国民統合策の模索や，製造業からソフト産業，知識経済への転換に重なって映る。

美術教育の現代化は，直接的には1990年代後半からの一連の学校教育改革に沿って進められてきたが，旧来の美術から現代アートへの変化やアートシーンの拡大を見通した戦略的な文化行政の影響も大きい。これまでシンガポールは独自の文化が育たない「文化の砂漠」と揶揄されてきた。各民族の伝統に根ざした文化はあっても，シンガポール人としての文化は育っていないとみなされた。政府主導の徹底した国民生活の管理や言論統制が，文化の醸成を阻害してきたという見方も少なくない。こうした反省にたって，早くから文化政策がたてられてきたのだが，1990年代後半から政府は文化産業やア

## 5．美術教育の現代化と新時代の芸術文化政策

ートビジネスの将来性にいち早く着目し，芸術文化振興の具体的な施策が実行されてきた。2000年からはルネッサンス・シティ計画が示され，グローバル社会における創造的な芸術文化の拠点都市を目指し，舞台芸術，音楽，美術，映画等のハード・ソフト両面を含めた総合的な芸術振興計画が立案された。ニューヨーク，パリ，ロンドンなど主要な都市の芸術政策を意識しながら，段階的にシンガポールを国際的な芸術文化都市に高めるための計画が実行されてきた。[14]

　こうした一連の芸術文化振興政策によって，国立博物館やシンガポール美術館など芸術関連施設のインフラ整備，南洋美術専科学院やラサール SIA といった専門的芸術教育機関の支援，さらに2008年には総合的な芸術高校である SOTA（School of the Arts Singapore）の開校による学校教育への事業展開が進められてきた。開発が続けられるマリーナ地区には，巨大な総合芸術劇場エスプラネードやアートサイエンスミュージアムが建設され，リゾートやショッピングエリアに芸術文化に関する施設が加えられた。これらは単なる文化振興ではなく，高付加価値の文化創造を通してシンガポールの文化的なステイタスを向上させつつ，知識基盤社会における重要な産業としての成長を目指す戦略的な文化産業政策といえる。2006年から始まったシンガポール・ビエンナーレも回を重ねて，アジアにおける現代美術のイベントとして知られるようになった。シンガポールが物流や金融だけでなく，芸術文化のハブ・シティとなりつつあることは確かである。

　このような文化行政の志向性の中に，かつての民族的文化や伝統文化の意識がどれほど，あるいはどのような形で残存しているかはまだはっきりとは見えてこない。大きく様変わりした現代の美術表現や，芸術文化振興を国の成長戦略に組み入れる政府の文化政策に連動した教育政策を通じて美術教育の現代化がなされてきた。今世紀に入ってからの文化政策，教育政策は密接に連動しており，そのことが美術教育のシラバスや教科書の変化として具体的に現れている。民族的文化，伝統文化は教育内容として設定されてはいるのだが，かつてのような素朴な意識のまま扱うには美術や教育を巡る状況は複雑すぎるようである。

第9章　シンガポールの美術教育における伝統文化と現代化

　こうした状況の中で，美術教育は何を子どもたちに伝え得るであろうか。シンガポールの美術教育の変化は，子どもの内的必然性に支えられた表現の学習から，多様な表現から抽出された造形要素や造形原理を受容して確認する学習への変化ともいえる。複雑化する美術の多様性を理解するために，学校教育を通して視覚的なリテラシーを教育することは妥当であろう。ただし，美術という文化の背景となる表現への内的必然性が，新しい美術教育の中でどのように担保されるかはわからない。このことは，シンガポーリアンとしての新たな芸術文化創造の一方で，自らの出自を含むアイデンティティを踏まえた美術表現が可能なのかという問題と重なって見える。

　今後のシンガポールの文化創造や美術教育の展開はわからないが，当面は政府主導の戦略的な現在の方向性が継続されていくのであろう。民族的な背景や伝統的な価値観を，シンガポーリアンとしてのアイデンティティの中で解消し，新たな文化創造が果たして可能であるのか，そしてグローバルな芸術文化のハブ・シティを目指すことが，多民族・多文化国家シンガポールの新しい文化創造の原理となるかどうかは今後の動向を見守る必要がある。

## 引用文献ならびに註

1 ）Department of Statistics, Ministry of Trade & Industry（2013）*Yearbook of Statistics Singapore, 2013,* Ministry of Trade & Industry.
2 ）日本貿易振興機構（2013）『ジェトロ国際貿易投資報告2013年度版』（PDF版）．
3 ）Department of Statistics, Singapore（2013）*Singapore in Figures 2013*, Department of Statistics, Singaore.
4 ）従来は特別（Special）コース，快速（Express）コース，普通（Normal）コースの3コースがあり，普通コースはさらに「学術（Academic）」と「技術（Technical）」の2種類があった。現在は，特別コースと快速コースが統合されて，名称は快速コースとなっている。
5 ）シンガポールの公用語は，中国語，マレー語，タミル語，英語の4言語である。
6 ）シンガポール教育省ウェブサイトに示された The Singaopre Education Journey をもとに，初等学校，中等学校及びそれ以降を参考に作成した。なお，特別支援教育や特別な分野のプログラム等は割愛した。
　　http://www.moe.gov.sg/education/landscape/print/sg-education-landscape-print.pdf
（2013年9月現在）
7 ）Curriculum Planning Division（1992）*Art and Crafts Syllabus (Primary),* Curriculum

Planning Division, Singapore.
8) 前掲（7）の掲載図を筆者が翻訳して再構成した。
9) Curriculum Planning and Development Division（2009）*Art Syllabus, Primary & Lower Secondary,* Ministry of Education, Singapore.
10) 前掲（9）の掲載図を筆者が翻訳して再構成した。
11) 初等学校用については，1982年から Art and Crafts 第1版，1993年から第2版の刊行が開始されている。中等学校用については，Art for Secondary One が1986年に，同 Two が1987年に Federal Publications 社から刊行されている。
12) 初等学校用については，2009年から Perfect Match Art Primary の刊行が開始されている。中等学校用については，2009年に Art in Life Lower Secondary が刊行されている。
13) Art in Life Lower Secondary, p.144の英文を筆者が訳した。
14) Ministry of Information（2003）Culture and the Arts, *Renaissance City Plan III,* Ministry of Information, Culture and the Arts.

## 参考文献および図版出典

- 岩崎育夫（2013）『物語シンガポールの歴史 ―エリート開発主義国家の200年』，中央公論社．
- 村田翼夫（2001）『東南アジア諸国の国民統合と教育 ―多民族社会における葛藤』，東信堂．
- Curriculum Development Institute of Singapore（1993）*Art and Crafts 1 (Second Edition),* Federal Publications.
- Curriculum Development Institute of Singapore（1994）*Art and Crafts 2 (Second Edition),* Federal Publications.（図9－7）
- Curriculum Development Institute of Singapore（1994）*Art and Crafts 3 (Second Edition),* Federal Publications.（図9－8）
- Curriculum Development Institute of Singapore（1995）*Art and Crafts 4 (Second Edition),* Federal Publications.（図9－3・5）
- Curriculum Development Institute of Singapore（1995）*Art and Crafts 5 (Second Edition),* Federal Publications.（図9－4・6・9）
- Curriculum Development Institute of Singapore（1995）*Art and Crafts 6 (Second Edition),* Federal Publications.（図9－10）
- Curriculum Development Institute of Singapore（1986）*Art for Secondary One,* Federal Publications.
- Curriculum Development Institute of Singapore（1987）*Art for Secondary Two,* Federal Publications.
- Joash Moo and Ng Siew Yong（2009）*Perfect Math Art Primary 1,* Peason Education South East Asia.
- Jennifer Teo Shuh Yi（2009）*Perfect Math Art Primary 2,* Peason Education South East Asia.

第9章　シンガポールの美術教育における伝統文化と現代化

・Nicola Choo（2010）*Perfect Math Art Primary 3,* Peason Education South East Asia.
・Nicola Choo and Tricia Goh（2010）*Perfect Math Art Primary 4,* Peason Education South East Asia.（図9 －11）
・Prisca Ko Hak Moi and Loh Khee Yew（2010）*Perfect Math Art Primary 5,* Peason Education South East Asia.
・Pat Lai and Lim Siew Li（2010）*Perfect Math Art Primary 6,* Peason Education South East Asia.（図9 －12）
・Joash Moo and Frank Lee（2009）*Art in Life Lower Secondary,* Peason Education South East Asia.（図9 －13・14・15・16）

## 付　記

　本稿は，JSPS科研費24531091「アジアの芸術教育における西洋の影響と独自性の形成に関する研究」，24531135「アジアにおける美術教育の文脈研究」の助成を受けたものです。

# 第10章 美術教育における日本の伝統文化に関する指導の一事例

足立直之

## 1．日本の小中学校の学習指導要領（図画工作・美術科）における伝統文化

### 1）美術における時代の流れと伝統文化

　わが国の伝統文化は，文化圏で言えばアジアの文化に位置づけられる。それは，西にアジア大陸，東に太平洋という地理的な条件があることが大きな背景にある。さらに，これまでの歴史をふり返ると島国であることを特徴として大陸から伝わってきた文化を守り続けて築き上げてきた伝統や，長年かけて変容し，培われてきた文化が歴史的にも証明されている。そのような中，開国と同時に導入された西洋の文化は，これまでの日本の文化だけでなく，社会そのものを大きく変えた。時間をかけて，少しずつ変容させていく文化や伝統が，急速な変化を遂げるようになったということである。その象徴が，文明開化である。そのような背景が，現在の日本の伝統文化の教育に大きな影響があることは否めない（図10－1参照）。

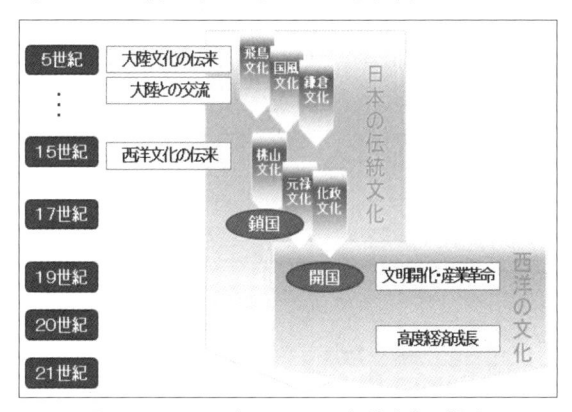

図10－1　わが国における伝統文化の概略

第10章　美術教育における日本の伝統文化に関する指導の一事例

何を伝統文化の内容として扱い，どのように他の文化を受け入れていくかを考えることが，『グローバル化』を考えていくことになると感じるとともに，美術作品という形作られたものと，それを作り出す人の思いや考え方の拠り所をとらえることが重要と考えている。

## 2）開国以降の教育制度と美術教育の変遷

次に，美術教育について述べる。開国以降の日本の小中学校の美術教育は，国策としての教育により，欧米化政策を図り，急速な近代化を成し遂げたといえる。欧米化とは，主として『リアリズム』の習得であったといっても過言ではない。そして，『リアリズム』習得のために臨画という手だてがとられた。この臨画という「写す」という手法は，古来から日本で用いられてきた技能習得の方法である。それは，『型』を重んじる日本の伝統であり，日本人の特質や気質と結びつき，日常的な場面に多々存在していた。ただ，その『型』に付随する精神が常に重要視されており，その精神については「感じ取る」ものとされてきた。しかしながら，西洋の『形』を身に付けることのみを優先し，「感じ取る部分」については，先立つものがなかったのである。そう考えると『リアリズム』に対する美しさの概念形成は，ここから始まったといえるであろう。

そして，戦後の復興，さらに高度経済成長期には技能の向上等，実用性を重視した美術教育がすすめられた。さらに，その後は経済大国へと進化を遂げ，国内の安定化に伴い，「情操教育」を目的とした美術教育へと変遷をし

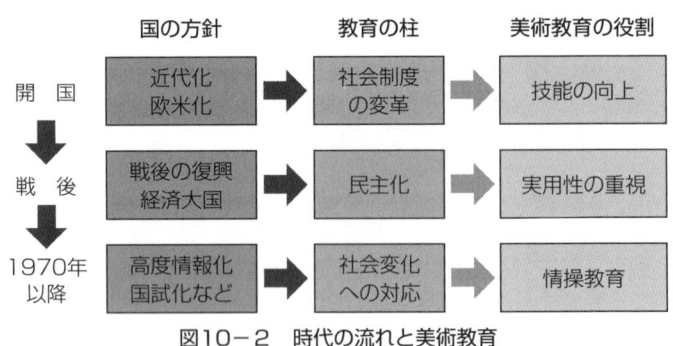

|  | 国の方針 | 教育の柱 | 美術教育の役割 |
|---|---|---|---|
| 開国 | 近代化 欧米化 | 社会制度の変革 | 技能の向上 |
| 戦後 | 戦後の復興 経済大国 | 民主化 | 実用性の重視 |
| 1970年以降 | 高度情報化 国試化など | 社会変化への対応 | 情操教育 |

図10-2　時代の流れと美術教育

1．日本の小中学校の学習指導要領（図画工作・美術科）における伝統文化

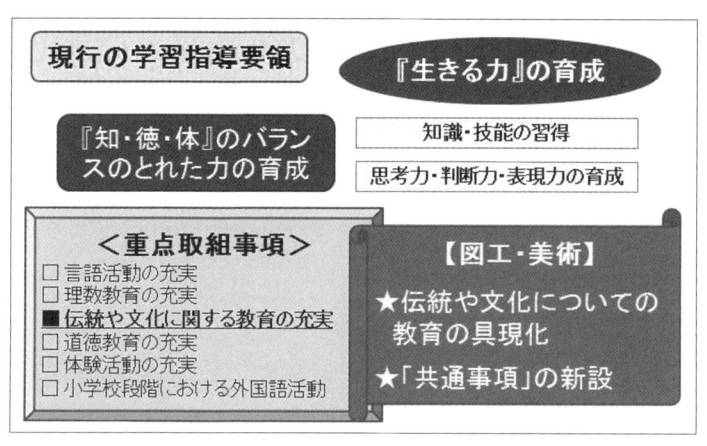

```
現行の学習指導要領        『生きる力』の育成

『知・徳・体』のバラン      知識・技能の習得
スのとれた力の育成        思考力・判断力・表現力の育成

＜重点取組事項＞        【図工・美術】
□言語活動の充実         ★伝統や文化についての
□理数教育の充実          教育の具現化
■伝統や文化に関する教育の充実
□道徳教育の充実         ★「共通事項」の新設
□体験活動の充実
□小学校段階における外国語活動
```

図10－3　現行の学習指導要領と美術教育

た。その一方で，「我が国の伝統や文化」の教育については，欧米化・近代化とは対照的に指導内容として取り上げられることは少なかった（図10－2参照）。当然のように『型』の文化も少しずつ日常から姿を消し，日本美の価値や技の習得を通した「感じ取る」力も美術教育の中でほとんど扱われなかった。

しかし，時代とともに国際化の視点重要視され，「我が国の伝統や文化」は，平成10（2002）年の改訂の学習指導要領で明文化され，平成20（2008）年の改訂からは本格化・重点化された内容となった。殊に，平成20（2008）年の学習指導要領の改訂では，「生きる力を育む」という理念のもと，知識や技能の習得とともに思考力・判断力・表現力などの育成を重視し，小学校では平成23（2011）年，中学校では平成24（2012）年から完全実施となった（図10－3参照）。

美術教育においては，基本的な内容は大きく変わらなかったが，重点化された「伝統文化」や新しい視点として設けられた「共通事項」については，今後の具現化が課題となっている。

第10章　美術教育における日本の伝統文化に関する指導の一事例

## ２．中学校「美術科」における教材と指導方法の一事例

　そのような中で，具体的に「我が国の伝統や文化」をどのように中学校美術科で取り組んでいるかという例を以下，「鑑賞」の内容で紹介することにする。

### １）水墨画のよさと価値

　まず，「我が国の伝統や文化」を指導するにあたって，限られた授業時数の中で何を教材として扱うかということを考えてみた。山口県内には国宝が９つある（図10-4参照）が，そのうち雪舟作の『四季山水図』が，県内の国宝でも，雪舟本人の作品の中でも代表的なものである。そのような理由から，この作品を教材として取り上げることにした。

　しかしながら，我が国の伝統ともいえる「水墨画」のよさやその価値は，今の子どもたちにはほとんどといってよいほど理解はされていない。さらにそのことは，私を含め，指導する教員も同様といってよい。したがって，「水墨画のよさや価値」を知ることから始める必要があった。

図10-4　山口県内の９つの国宝（山口県ホームページより）

## 2．中学校「美術科」における教材と指導方法の一事例

　教材研究の方法としては，文献と山口県立美術館の学芸員への聞き取りとした。それらのことを整理すると以下の3点になる。

① 水墨画の特徴は「（色や形など）省略の美」にある。
　・表現については，巧みな表現技術（省略された形）を楽しむ。
　・鑑賞については，「色や情感等の省略」を想像して楽しむ。
　（鑑賞者は，自分の実体験と重ね合わせて四季を感じ取り鑑賞することができる。）

② 『四季山水図』は日本の風景ではなく，中国のモチーフにより表現されている。
　・雪舟は，『四季』に対するイメージを中国のモチーフを主に用いて表現している。

③ 雪舟が山口を頼ってきた理由は，中国との交流の権利をもっていた大内文化にある。
　・中国に渡ったことで雪舟の表現の価値はますます大きなものとなった。

これらの教材研究から，子どもたちの発達段階を考慮し，中学校2年生に対し，「四季山水図」の鑑賞と「水墨画の模写」の2点から授業を構成した

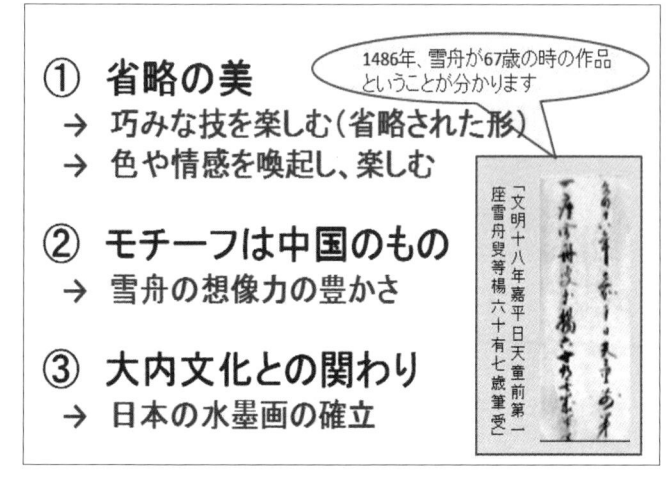

図10-5　教材研究によって整理した3つの特徴

第10章　美術教育における日本の伝統文化に関する指導の一事例

山水長巻（『四季山水図巻』）の教材解釈

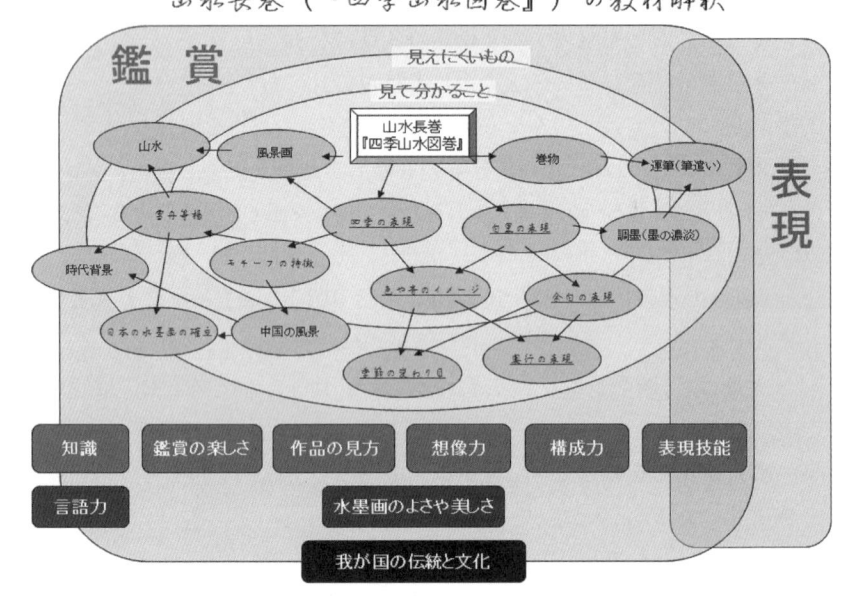

図10-6　教材の価値を見いだすための教材解釈

（図10-5参照）。また，水墨画でどのようなことが教えられるかということを考えることで，教材の価値を見いだすことにした（図10-6参照）。

## 2)『四季山水図』を鑑賞する

『四季山水図』を鑑賞することで，子どもたちがもっている心の豊かさや自然への畏敬の念を引き出したいと考えた。そのために，本来ならば，多少色が付いている作品だが，ここではあえて白黒コピーしたものを用いることにした。

以下，(1)～(3)の手だてで授業を行った。

## (1) 描かれているモチーフを詳しく見る

「この作品には何が描かれていますか。」の問いから授業をスタートした。生徒は，「木」，「山」，「海」，「家」，「舟」，「人」，「塔」など様々なモチーフを見つけ出した。続いて，日本のものとは異なるモチーフに気付かせるよう，「どんな人でしたか。」と質問した。すると，「男の人」，「着物

## 2．中学校「美術科」における教材と指導方法の一事例

を着ている」，などと答えた。さらに，「どこの国の人でしょうか。」と聞くと，「中国の人」との答えが多かった。すると，「建物も日本のものではない。」など，意見が広がったので，雪舟は中国に渡り，水墨画の勉強をしたことを補足の説明として付け加えた。その他に，「旅をしている」といった事実とは異なった想像に基づく意見も出てきた（図10-7参照）。

図10-7　部分に目を向けた鑑賞

### （2）「春」と「冬」の場面を付箋を用いて発表する

次に，四季を探し出すことを課題とした。「春」にはピンクの付箋を，「冬」には水色の付箋を貼り，どの部分にそれぞれの季節を感じたか意思表示をさせてみた。付箋を用いた理由は，中学生ともなると発表をすることに抵抗を感じる生徒も多いこと，と意見を視覚化するという二つの意図からである。

ほとんどの生徒は，「冬」の場面から付箋を貼り始めた。付箋を貼った理由の大半は，「山が白いから。」であった。さらに「なぜ山が白いと冬なのか。」と尋ねると，「雪が積もっている様子を表している。」といった答えが返ってきた。中には，他の季節の山の描き方との違いを指摘する生徒もいた。そうして徐々に冬のイメージが強くなると，「暗い空」を指摘し，

― 139 ―

第10章　美術教育における日本の伝統文化に関する指導の一事例

「冬の空は暗い。」や、「建物の戸が閉まっている様子も見られる。」など，指摘が増し，「寒いからそうなっているのではないか。」など，意見に広がりがみられた。

　次に，「春」について話題を変えた。付箋を貼る場所が二分した。「冬」が決まれば，その続きが「春」になるため，「冬」の右が「春」になるか，左（つまり作品全体の右端）が「春」になるかということである。「冬」の右には「田」が描かれている。これを「田植えの後」の様子と見たり，違うという生徒は「稲刈りの後」の様子と見たりしたのである。同じように，「人」がたくさん描かれている場面もあるが，これを「春になって暖かくなったから人が動き始めたんだ。」と見たり，違うという生徒は「秋祭りだろう。」と見たりしたのである。描かれた木の表情も，「花が咲いている様子だろう。」と言ったり，違うという生徒は「秋の紅葉の様子だろう。」と言ったりしたのである（図10－8参照）。

　このように，根拠を大切にした意見交換の後に，どこにどの季節が描か

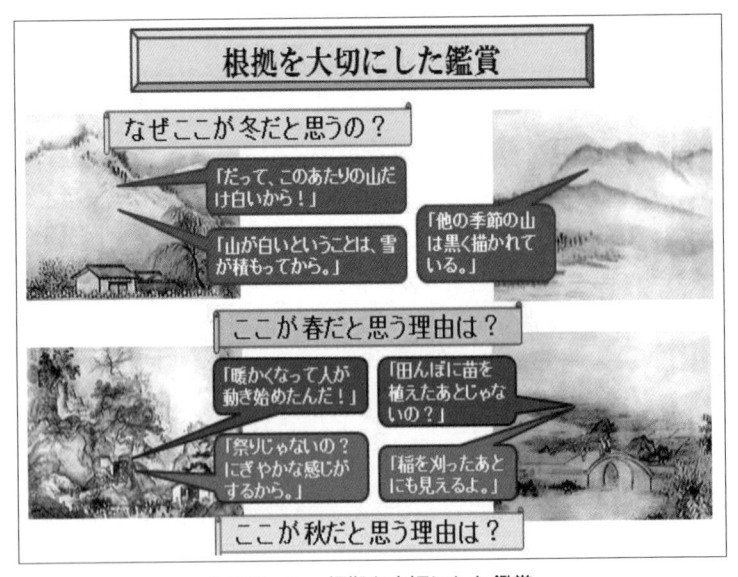

図10－8　根拠を大切にした鑑賞

れているかという正解を伝えた。すると，モチーフの見え方がまた変わって見えてきたのである。

## （3）『四季』を手がかりに省略されているものを想像して楽しむ

　『四季』が見つかると，子どもたちはさらにイメージを広げてものをとらえることができた。さらに付箋を配り，感じた「色」があればその色を書いて付箋を貼るように指示をした。同様に，聞こえてくる「音」があればその音を書き，「余白」については省略されているものを書くことを次の課題とした。四季から連想する「色」は様々であった。春は鮮やかな明るい「ピンク」や「黄色」の花を，夏は「濃い緑」の木々の葉を，秋は「赤」や「オレンジ」などの紅葉や枯れた草などの「茶色」を，冬は「モノクローム」の世界などをイメージした。また，「音」について，小川の水の音は「チョロチョロ」，海の波の音は「ザブーン」，夏の木々が生い茂った辺りからは「ミーンミーン」といった蝉の鳴き声を書く生徒もいた。さらに，崖の上の「余白」から「高さ」を連想し，海の余白から「広さ」を，

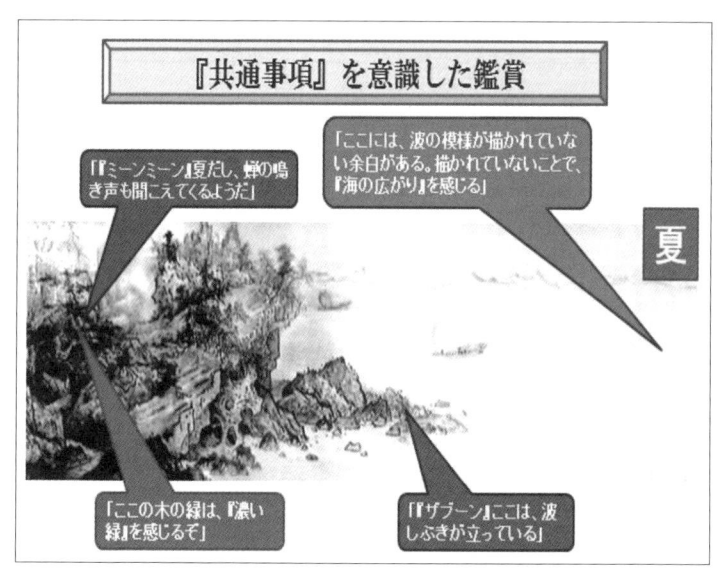

図10－9　『共通事項』に関わる指導

田には「奥行き」などを感じていた。

ここでは，色や形，イメージという『共通事項』にかかわる指導をしたことになる（図10－9参照）。

## （4）模写を通して「水墨画の巧みさ」にふれる

### ①模写の難しさを味わう

水墨画の表現の巧みさを実感させるために，「竹」の模写をさせることを考えた。実際に描いて見せ，生徒達に挑戦させた。指導のポイントは「調墨」（筆に含ませる水と墨の加減）と「運筆」（筆の動かし方）とした。模写であることから答えはひとつであることを伝え，「手本のとおりにどうすれば描けるか」ということにこだわらせることにした。

「調墨」と「運筆」を自分の感覚として習得できるまで生徒は何度も練習した。

### ②【一本の線にこだわる】

「笹の葉一枚が描けない。」という生徒が何人も出てくるようになった。生徒は，一本の線にこだわりはじめたのである。「墨の濃さが気に入らな

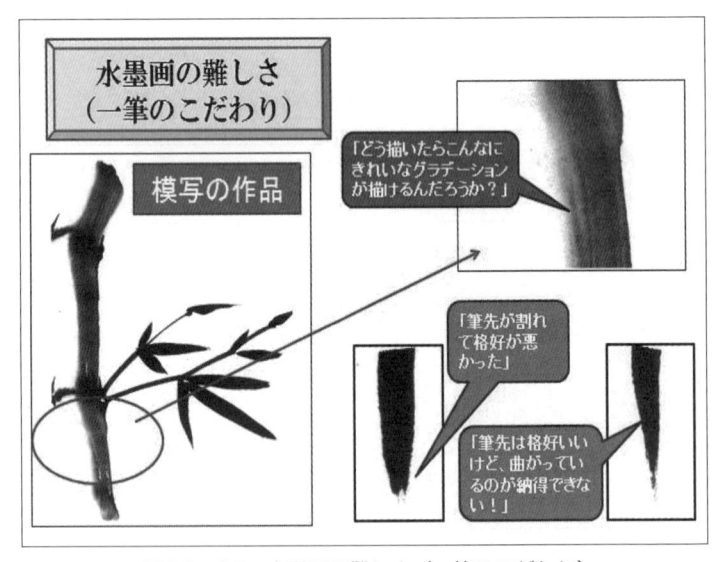

図10－10　水墨画の難しさ（一筆のこだわり）

い。」,「筆を紙から離すときにきれいな形にならなかった。」など,悔しそうに生徒が訴えるのである。

　こうした取組を経て,自分なりの最高の作品を描きあげていったのである。全てが上手くいったという生徒はほとんどいなかったが,「ここが自分なりに上手く描けた。」と部分的に満足した感想はもてていた（図10－10参照）。

## （5）水墨画の学習を終えて

　下の感想は,ある生徒が水墨画の学習を終えた後に書いたものである。様々な体験や学習を通して,自分の感じ方と照らし合わせて実感のこもった感想が書けているように思う。それと同時に生徒達の思考の柔軟さに驚かされた。思考の柔軟さとは,モノクロームの絵から生徒達がイメージしたり,生活経験と結びつけたりする豊かさのことだととらえている。このような見方や感じ方ができることが何よりもうれしく,日本の伝統文化もこのような取組から広げ,理解を深めていくことができると思った。

---

【水墨画の学習後のある生徒の感想】

　鑑賞では,『四季山水図巻』の中を旅した感じがした。最初は,白と黒の世界でしかない地味な作品としか思わなかったが,季節を知ったとたんに色を感じたり,音を感じたりすることができるようになっていった。本当に不思議な感じがした。……（中略）

　模写では,筆づかいが本当に難しいと感じた。でも,上手くいった時のあの感触は忘れられない。スッと筆がはらえて,きれいな笹の葉の形ができた時には,本当に感動した。本番では,満足いく作品にはならなかったけど,とてもおもしろいと感じた。

　今回,水墨画を学んで,墨や筆を使う日本の文化のすごさと雪舟のすごさを知ることができた。……（後略）

---

　また,水墨画という教材を通じて,様々なことを教えることができることも分かった。生活経験と結びつけながら絵と対話することは,イメージを広げるとともに日本の伝統や文化に対する感覚を磨くことにもなる。殊に水墨画については,最初にも述べた『省略の美』と『技の巧みさ』への理解と実

感につながれば申し分ないであろう。

## おわりに

　先に述べたように雪舟は，水墨画の真髄を求め，中国に渡り，その技を日本に持ち帰り，日本人らしい水墨画へと導いた。「国風文化」に象徴されるように，こうした異文化を吸収し，日本独自の文化まで消化することが，日本のグローバル化の特徴とも言える（図10-11参照）。

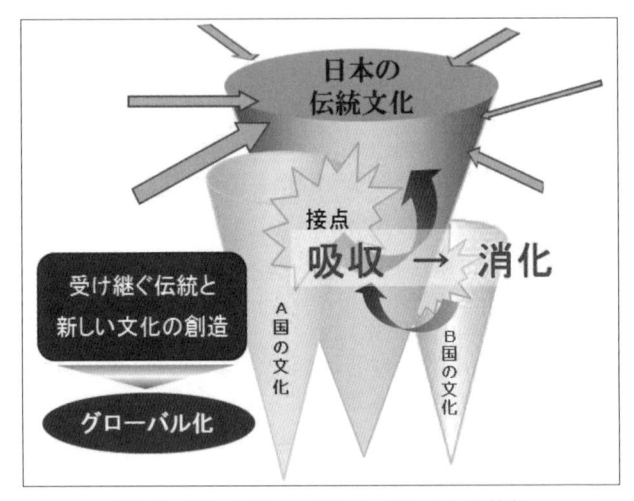

図10-11　日本の「グローバル化」の特色

　一方で，教育はある意味，意図的に子どもたちに文化的なよさを伝えていく手段であると考えた場合，文化として時間をかけて根付くものといえる。明治時代以降の教育により西洋の美術に対する理解は，かなり深まったことはいうまでもない。これが教育の効果であるならば，日本の伝統文化に対する価値観を意図的に教育の内容として子どもたちに教えていくことが必要となるであろう。

　「伝統文化」に空白の時期をもつ我が国の学校教育において，このことを補うにはある程度の時間は必要であろう。さらに，情報化が進み，多種多様な文化が花開き，中には姿を消していくものもある中で，新しい文化に対す

る価値のとらえ方も変わっていく可能性もある。しかし，ここで取り上げた雪舟の「四季山水図」は，時を超え，私たちに心の豊かさを実感させてくる。そういった意味でも，後世に語り継ぐべき，伝統と文化のよさを，子どもたちの柔軟な感性に訴えていくことは大切だと思っている。そのような作品を今後も学校教育で大切にしていくことこそ「我が国の伝統や文化」を教えていくことになるのではないだろうか。

　守るべき伝統を受け継ぎ，多様な文化を吸収しながら新しい文化を創造していくことが日本における伝統文化の「グローバル化」ではないかと考えている。そのような意味でも，日本文化の継承と創造を学校教育でつくっていくことが必要であろう。

**参考文献**
・河合隼雄著（2013）『日本文化のゆくえ』岩波現代文庫，岩波書店.
・山口県立美術館編集（2006）『雪舟への旅』.

# 第11章 グローバル化と伝統文化：シンガポールの音楽教育に関する視点

チーフー・ラム

## 1．舞台の設定

> それら（文学と芸術）は，「我々がみんなこんな風に苦しんだことを，覚えておくのだ。これが起こったことだと，覚えておくのだ。」と言いながら，大がかりな再記憶プロジェクトの仕事に参加するのである。歴史が文化的記憶へと変えられることができるように（Spivak, 2010, p. 20）。

　伝統芸術と文化の喪失と，それに続く再生への呼びかけは，それらがもはやかつての様に根をしっかり張ったものではなく，グローバル化の波によって，大衆文化，メディア，テクノロジーを通して，文化的同一性の方へと漂っていくのだという，人々の持っている恐れから生じ得るものである。観念と慣習の伝播，特に経済的に支配的な西洋の大衆消費文化のそれは，ローカルな伝統と文化の価値を低下させ，それらと同等以上のものになるべく，差異を縮め始めているという見解がある（Tomlinson, 1999）。保護主義者の見方は，過去へのノスタルジアと愛着に基づいており，Ahmed（2010）が抑うつ症と表現しているものと同じく，「失われたものにしがみつき，手放さず，それを乗り越えることによって喪失を克服するということをしない人」（p. 139）に続いて現われるものである。政府の，もしくは徹底的な努力を通して，関係者は，伝統芸術と文化が主流社会に統合され，今日の生活に関連性のあるものとなるように，伝統芸術と文化における関心を再活性化させるための，試みるべき計画と戦略をたてるであろう。

　シンガポールの伝統文化と芸術の再生について言えば，亡くなった劇作家であり，舞台演出家で芸術活動家であった，Kuo Pao Kun は以下のように述べている。

## 1. 舞台の設定

　母なる文化から長いこと引き離されてきた人々にとって，これがいかに人一倍難しいことか。根こそぎ抜かれた状態が根本的で長期にわたっている場合，特に完全に根から抜かれた人々が，彼らの祖先の土地から切り離され，多民族環境に連れて来られた時には，問題は何倍も難しくなる。現代シンガポールでは，……国全体がそのような転置の過程を通して建設されてきた。母語たる諸言語を完全に捨て，公式な場でも日常生活でも旧植民地言語である英語を採用するほどまでに（2002, p. 212）。シンガポールの成長経済を発展させるために，英語の優位性がおそらく大変に役に立った一方で，それは国の文化的位置転換に対して，重要な難題を突き付けてきた(2002, p. 212)。

　この位置転換は，自分の文化的遺産と国を代表する歌を，歌ったり講演で述べたりすることを他者から求められる時に，いつも窮地に追い込まれる私のような音楽教育者たちには，痛烈に感じられることである。私はシンガポール（1965年に国家として独立したばかりである）に生まれ育ち，民族的には華人とされるが，私の育ってきた時代に周りを取り巻いていた音楽的影響は，どちらかといえば折衷的であった。つまり，国歌をマレー語で歌って成長し，祖母が私を寝かしつける時に歌う広東語の子守唄を聞き，私の育った家の近くのモスクからの祈りの呼びかけや，インド寺院からのナダスワラムとタヴィル＊がともに奏でる音を聞き，時には伝統的な祭りやお祝いの時に演じられる華人のストリート・オペラ，そしてラジオ局から騒々しく流れる，常に聞こえてくる英語や中国語の大衆歌曲や西洋クラシックの数々，があった。私にとっての，単独でもなく，どれか一つのジャンルに深く根ざすものでもない，多様な，そして変化を続ける音楽の影響は，私が何をこの若く常に変化している移民社会にとって「伝統的」であり特徴的な曲として「代表的」であると感じるかの，興味深い（しかし，しばしば悩ましい）ジレンマを生み出した。

　だとすれば，若い国にとって，自分の独特な文化と国民アイデンティティーを次のように定義することが，政治的経済的急務であるということを理解

---

＊インドのタミルナドウから来た古典楽器。ナダスワラム（nadaswaram）は金管楽器，タヴィル（thavil）は太鼓。

第11章　グローバル化と伝統文化：シンガポールの音楽教育に関する視点

するのは，難しいことではない。

> 多元主義者の多文化主義の概念の核心……国家は共通の国民アイデンティティーの育成をとても強調し，公教育制度を通して共有される所属意識を積極的に推進する……共有された国民的所属意識は，民族的あるいは宗教的アイデンティティーを含む，集団アイデンティティーの他の形に優先する。よって，シンガポールの公立学校は，熱心に共通の国民アイデンティティーを擁護するが，様々な集団アイデンティティーの推進には慎重に中立の立場を保つのである。　　　　　　　　　　　　　　　　　(Ho, 2009, p. 288)

もし歌がローカルあるいは国民アイデンティティーとしての共通性を表すものであるならば，それらは，以下の特性を必要とする。

> 共有された歴史，民族性，空間，宗教，そして政治制度，安定性あるいは不安定性と経済のように，「共通項がある」という特性……［と］，今日のシンガポールの典型ではないコミュニティーと彼らの（音や歌などを含んだ）慣習などの，「共通項がある」ものではないものを区別するがゆえに，より不快で傷つきやすい現実である，「共通である」という特性 (Dairianathan & Lum, 2012, p. 115)

シンガポールの教育制度における伝統芸術と文化の位置づけを問うということは，このように，芸術と文化を通した国家もしくはそれに相当するものの多民族課題を維持しつつ，共通の国民アイデンティティーの統合失調状態に向かうまで，グローバル化とともに多様性を考慮しなくてはならないのである。

## 2．我々は何者か？

1867年からのイギリスの直轄植民地として，シンガポールは4分の3を占める華人と，マレー半島のマレー人，スマトラ人，ジャワ人，ブギス人，ボヤン人，インド人，セイロン人，アラブ人，ユダヤ人，ユーラシア人，そしてヨーロッパ人などの，かなりの数にのぼる少数民族で構成された。しかし，植民地後のシンガポールが1965年に独立国家となった時，「憲法上多民族の国家であると考えられ」(Chua, 2003. Ho, 2009, p. 286. の中で引用)，全て

## 2．我々は何者か？

のシンガポール人は,

> 生まれた時点で自動的に(父親の民族によって決められた) 特定の「民族」に指定され, 公的な身分証明書にそのように記載された。この公式のCMIO (Chinese 華人, Malay マレー人, Indian インド人, Others その他) の分類は, それぞれのカテゴリーの中にある多くの違いを覆い隠す。たとえば, インド人に分類された人々の中の違いは, 彼らがウルドゥ, タミル, マレーなどの異なる言語を話すかもしれないし, 異なる宗教をもっているかもしれないというくらい, 顕著なのである。　　　　　　　　　　(Ho, 2009, p. 287)

2012年6月時点で, シンガポールの人口は531万人になっており, そのうち329万人がシンガポール国民, 53万人が永住者, 残りが非居住者である(CNA, 2012)。国家のCMIO多民族主義イデオロギーを越えた, シンガポールの現在の人口統計の現実は, Appadurai (1996) のグローバルな流れの特性における5つの分離状態, つまり民族の景 (エスノスケープ), メディアの景 (メディアスケープ), 技術の景 (テクノスケープ), 金融の景 (ファイナンスケープ), そして観念の景 (イデオスケープ), に言及せざるを得ない。CMIの枠組みが, Chinese (華人), Malay (マレー人), Indian (インド人) の違いを強調して, 原初の分類を表面に表し続けている一方で, 実は我々は皆, 多文化性の中に生きている「Others (その他)」になってしまっているので, シンガポールのような都市国家における毎日の存在と相互作用は, これらのラベルづけに疑問を呈し続けているのである。Appaduraiの5つの景 (スケープ) は, ローカルな伝統と文化に対する保護主義的態度に関する, いかなる意味のある今日的論説をも不明瞭にし得る, グローバル化の多数の道筋を前にした社会的再生産と統合の問題を, はっきりと示しているように見える。今日の移民は過去以上に移動性がある。

> 彼らは, より頻繁に移動し, 祖国, 生来の文化, 散逸した民族とのより強いきずなを維持する。このように, 多くは, 現在, しばしば暫定的に, 住んでいる場所にいる他者と文化的に混合するよりは, 家族の中で文化的に「再生産」するために, 文化的純粋性の何らかの装いを維持しようとする。
> 　　　　　　　　　　(Appadurai, 1990, pp. 18-19)

## 第11章　グローバル化と伝統文化：シンガポールの音楽教育に関する視点

たとえば，Lum（2008）は，最近シンガポールにやってきた移民家族が，テクノロジーを，フィリピンや南インド出身の散逸する家族にとっての導管として，彼らの故郷からの音楽的情報をホスト国へ持って来るために使ったことを指摘した。これらの家族が想像のコミュニティーを創り出すことを明示した，独特の音楽的民族の景（エスノスケープ）を形成するための，活発な音楽的情報探求行動の形跡がある。テクノロジーとメディアを通して彼らの日常生活に浸透する音楽を内面化している，これらの家族の子どもたちのリズム遊びとメロディーの発声は，彼らをフィリピン人や南インド人であると確認できる社会文化的性質をはっきりと表している，独特なものである。シンガポールの学校で一般音楽教育を担当する教育者は，どうすれば，音楽の授業における多様性と包摂の概念を推進すると同時に，移民の子どもたちが地元の音楽文化の音楽的範囲の中に同化できるようにするために，移民の子どもたちのもつこれらの豊かな音楽的アイデンティティーを教室内で抑制することができるだろうか。

　世界中の文化における様々な伝統芸術の発達のより詳しい精査は，我々のもつ，今日の世界からの観念の混合という明敏な感覚と，ローカルとグローバルからグローカルに向かう過去および現在の習慣についての様々なニュアンスを含んだ考察を，免れることはないだろう。基本的に，「グローバルに輸入された文化的要素は，新しい場所で適用され，混合され，地元化されるのであろう」（Lull, 2000. Lum & Marsh, p.383. の中で引用）。我々はどのようにすれば，子どもたちに，グローカルなものとその音楽教育における延長部分を，確実に理解させることができるだろうか。今日の多様な世界における音楽教育の重要性は，音づくりは場所づくりであるとして強調しながら，子どもたちに彼らの音の世界と彼らの社会文化的状況を結びつけさせることであろう。もし子どもたちが彼らの変化し続ける音の景（サウンドスケープ）を認知しているなら，彼らは彼らの変わっていく場所の景（ランドスケープ）をうまく乗り越えることにも，より巧みになるであろうから。Greene（1995）が適切に述べているように，「今日の教育は，若者の批判的な判断と，将来に対する想像的予測と，そしてやがては，変化を生みだす行動に，世界を開

く方法であると考えられなくてはならない」(p. 56)。より詳しく述べるために，Turino（2008）の「文化と音楽的意味が最終的に帰する」(p. 95) のは，個々人と彼らの体験の中であるということばを受けるならば，もし目的が人の社会文化的状況の中の自身の位置づけと関係を探求し検証することであるならば，芸術的なプロセスを探求するということは，まずその人個人とその自己の理解から始めるべきである。

# 3. シンガポール音楽教育における文化的アイデンティティー

　住民の多様性と国の新しさの前提のもと，シンガポールの教育制度—英語を共通語として強調している—の主たる目的の一つは，文化的あるいは国民アイデンティティー意識を創り出すことであり，音楽は，我々（主として華人，マレー人，インド人）の遺産であるいろいろな音楽を強調するという意味においても，シンガポール人の間に共通のアイデンティティーを推進するために使われる曲（シンガポールで作曲された何曲かの国家の日の歌のように）という意味においても，この目的に重要な貢献をするものと見なされてきた。Koh（1989）は以下のように述べている。

> それぞれの異なるコミュニティーに彼らの文化的ルーツを思い出させるために，つまり，個別には各々のコミュニティーのアイデンティティーを表現し，全体としてはシンガポールの多文化的アイデンティティーを表現するために，そしてその中に文化を創り出す手段として，伝統的な宗教のみでなく，いわゆる伝統的な芸術も奨励されている (p. 712)。

何年にもわたって，国のその時その時の音楽シラバスの中に述べられてきた目標は，それぞれ決して似ていないとは言えない文書である。

- 音楽活動への参加を通して，集団意識と愛国心を推進すること(MOE, 1977)。
- 余暇および一般的に楽しむためにコミュニティーで歌うための歌の領域をつくり，我々の多文化社会における音楽のより良い理解と適切な認識を養うこと（MOE, 1980)。
- 地元の民族音楽の適切な認識と理解に向けて，生徒たちの興味，態度そし

第11章　グローバル化と伝統文化：シンガポールの音楽教育に関する視点

て感性を育てる手段として，生徒たちにシンガポールの豊かで多様な文化的遺産の基本的知識を与えること（MOE, 1992）。
・様々な文化の音楽と日常生活の中の音楽の役割に対する意識と適切な認識を発達させること。　　　　　　　　　　　　　　　　（MOE, 2008）

　シンガポールにおける華人，マレー人，インド人文化の音楽を理解することから，ますます重要な役割を果たすようになってきている「教育における世界の音楽」と「大衆文化の音楽」への注目の方向に向かう，顕著な変化が見られるようになってきている。キーボード，コンピューターそして情報技術の到来は，シンガポールがこれらの発明を他教科同様に音楽カリキュラムの中でも積極的に受容したため，音楽として教えられるものと音楽の教え方に，深い影響を与えている。教育と学習へのより創造的なアプローチの奨励は，音楽シラバスの開発にも反映されていて，その中では，生徒たちに，音楽的に，社会的に，文化的にそして歴史的に自分が誰であるかを，毎日の生活を通してより深く考え，思案させるために，音楽制作もしくは作曲が，重要性を増してきている。シンガポールの音楽教育では，「国の資源である多様なコミュニティーの中に見出すことのできる音の景（サウンドスケープ）への敬意，そこからの離脱，そして超越」に向かう傾向およびそれらに対するより高い認識が存在するように思える（Dairianathan & Lum, 2012, p. 125）。シンガポールのポップシンガーであり，作曲家であり，作詞家でもある Dick Lee の象徴的な歌であり，様々な職業を試みた結果，最終的に99種類のチャーハンによって成功した少女，Bee Lian を描いた歌詞の付いた「フライドライス・パラダイス」は，おそらく敬意，離脱，超越をとらえようとするシンガポールのローカル精神を，適切に要約したものであろう。

　　Satay はとてもいい，Gado Gado はまあまあ，
　　Olowak Oh Yuk，他に何があるだろう
　　でも，僕は僕の Chow Fun がいつでも好きだ
　　あなたは Kway Teow 症候群にかかったね
　　…
　　Chap がとても Sedap な所なら

### 3．シンガポール音楽教育における文化的アイデンティティー

Sambal Belachan が一番
…
フライドライス天国，Nasi Goreng がとってもおいしい
それが彼女の得意料理
99種類
フライドライス天国
それはいつも「Shiok」って言われてきたんだ
テーブルを予約した？それはいい考えだね，僕もきっとそうするよ*
　　　　　　　　　「フライドライス・パラダイス」作詞作曲　Dick Lee

　もう一つの例として，1980年代初めに，台湾からの「キャンパス・フォークソング運動」（校園民歌）の波に影響された若い中華系シンガポール人グループらが，「彼らのあからさまな気持ちと大望を含んだ若者の関心事，そしてシンガポールの若者がシンガポールで見てきた出来事，たとえば日々のライフスタイル，社会の多民族の特性とシンガポール人の特徴などについての率直な意見」（Xinyao, 2013）を映し出した歌詞を書いて，地元フォークソングを作曲して歌い始めた。これらの歌はやがて「シンガポール年軽人創造的歌謡」（若いシンガポール人によって作曲された歌）を短縮した，「新謡」という明確な動きとなり，それらの歌の多くは「伝統的」になったが，若者とお年寄りの音楽の好みに合うように，異なる音楽的アレンジがなされながら，今日でも意味のあるものであり続けている。

　おそらく，人は，英語や中国語の使用，テクノロジーやマスメディアおよびその他の媒体を，ただのローカルおよびグローカル文化の談話がやり取りされる導管にすぎないとして，自分と調和させることができる。これについ

---

＊歌詞はシンガポール人であれば誰でもわかる独特の英語の使い方を表している。satay（サテー），gado gado（ガドガド），kway teow（クイテオ），olowak（オルワク），chap（チャップ），sambal belachan（サンバルブラチャン）などの地元のマレーや中華料理への言及も，シンガポールの文化混合をよく表している。[訳者註]satay はマレーの焼き鳥，gado gado はインドネシアのサラダ，olowak は牡蠣オムレツ，oh yuk は焼き豚，chow fun は広東風チャーハン，kway teow は幅の広い麺，chap はソースを意味する広東語，sedap は「おいしい」を意味するマレー語，sambal belachan はマレー料理の唐辛子とエビのペースト，nasi goreng はインドネシアのチャーハン，shiok は「とてもおいしい」の意味。

て，Spivak（2010, p. 31）が賢明にも以下のように指摘している。

> 英語はグローバル化である。それは文化的特徴を破壊する。等価とは平等化ではなく，差異の除去ではなく，なじみのない物をなじみのある物になるまで削ることでもない。それはおそらく，私の第一言語のような唯一の場所を，他の物が占領できるということを承認することを学ぶことである。この直感は，発達させるのが容易ではないが，その人の食べ物，言語，世界における居場所の心地よさを奪うわけではない。

## 4．可能なパラダイム

シンガポールの地元の視覚芸術作家（Ho, 2012）は，自分の実践と学校の子どもたちとの作品について考え，シンガポールの芸術教育に関する考え方に必要な哲学的変化について，大胆に提案している。

> 今日，私が知っているシンガポールは，もはや民族，文化，生き残り等々に関することばかりではない。それは，我々が知っている慣習の全てを再定義すること，あらゆる種類のことを同時にやること，新しかろうが古かろうが，全ての概念を統合すること，そして地面に根を張る必要のない新しい種族の民になることである。要は，我々は進化して，世界の変化に対して大変強い適応能力をもった「新しい型」の種になるのである。我々の文化は必要な時に必要な様に築かれたり，壊されたりするであろう。

これは，シンガポールの文化的転置を「強み」だと考える Kuo（2002）と同じ考えである。つまり，失われたものを嘆くかわりに，

> シンガポール人はいくつもの文化的遺産を自ら自身のものとする開放性と情熱を身に付けた……各々は一組の両親を失ったとしても，多様な伝統の中に根を張って多元的血統を創り出すという，特定の伝統をもつ一系の子孫にはできない方法が，彼らには開かれている（p. 213）。

「多文化性」の中の我々のアイデンティティーを考えるに，我々は伝統の重荷を感じる必要があるのだろうか。我々の「根，あるいは根無し，性」を言い訳する代りに，我々は，この文化の多様性のグローバル化された空間の中で，新しい知識，見識，そしてひらめきを得るための情熱をもって，応じ

## 4．可能なパラダイム

ることができるだろうか。我々は，「その他」，「何かと何かの間」，あるいは「開放的」であることを選択すべきなのだろうか。

　国家よ，あなた方は想像上の物語として発明されたのだ。そしてそのあと，不幸にもあなたがたは制度化され，自分の起源を忘れ，自分が想像の産物であることを忘れてしまった。どうか，想像上のものに戻ってくれ。あなた方は架空の物語であり，そしてどうか自分たち自身を比べてほしい。そうすれば，あなた方は，あなた方が同じなのではなく，等価なのだということを理解するだろう。　　　　　（Kiossev．Spivak, 2010, p. 84. の中で引用）

とすれば，芸術教育者が行う必要があるのは，国会議員候補の Audrey Wong の言葉を借りれば，

　生徒たちに芸術家，ダンサー，俳優，演出家，デザイナー，芸術監督になるために必要とされるテクニックとスキルを身につけさせるだけではなく，彼らの能力が，彼らの芸術的才能と情熱を，我々のアイデンティティー（あるいは我々のいくつかのアイデンティティー）を表現する新しい作品の創造につなげることができるようにし，その過程において解決のための探求を促し，多様なコミュニティーの間のよりよい社会的対話の機会をつかませ，より複雑な，グローバル化した，社会的文化的に多様なシンガポールが必要とする，創造的解決探求者になるように。　　　　　　　　（Wong, 2012）

創造的プロセスを補助することのみであろうか。

　Grosz（2004．Kielian-Gilbert, 2010の中で引用）は，変化とは，「必要性―つまり，変異，逸脱，過去の自己の超越の動き，あるいは彼らに降りかかる偶然の出来事を受けての潜在的な物の具体化」であるということを思い出させてくれる。「変化」を大切にする音楽教育は，過去，現在，未来の音の体験，美的感性をもってグローカルなものの出現を探求し，疑問に思い，祝福するための，グローバルなものに対する，あるいはグローバルなものとの，伝統的なものの並置などを取り込んだ音楽的活動への，生徒たちの関わりと参加について，意識的に考えなくてはならない必要があるだろう。Grosz の言葉を借りれば，「大切なのは，単に語義上のことにとどまらず，予測された通りの演奏を行う代わりに，新しいものへの開放という観点から生産と創造の

第11章 グローバル化と伝統文化：シンガポールの音楽教育に関する視点

過程を理解することである。……我々の事物，出来事，存在の概念そのものが，それを作り，絶えず変化させていく様々な差異化に対して，開かれている必要があるのである」(p. 207)。21世紀において常に一定であるものは変化であるということを理解すれば，生徒たちが常に新しく生まれ続ける音楽的存在という観念に慣れるようにするには，また，彼らに常に問いかけ，彼らを音楽的プロセスに批判的にかかわらせるためには，「変化」ということが，音楽教育における適切なたとえであり，取るべき哲学的態度であるように思える。

## 参考文献一覧
- Ahmed, S. (2010). *The promise of happiness*. London: Duke University Press.
- Appadurai, A. (1996). *Modernity at large: Cultural dimensions of globalization*. Minnesota, USA: University of Minnesota Press.
- Chua, B. H. (2003). Multiculturalism in Singapore: An instrument of social control. *Race & Class, 44 (3)*, 58–77.
- CNA (2012). S'pore population up at 5.31 million, 82% residents live in HDB flats.Retrieved 29th Sept, 2012 at http://www.channelnewsasia.com/stories/singaporelocalnews/view/1228473/1/.html
- Dairianathan, E., & Lum. C.H. (2012). Soundscapes of a nation (lism) : Perspectives from Singapore. In D.G. Herbert., & A. Kertz-Welzel (Eds.), Patriotism and nationalism in music education (pp. 111-129). Surrey, U.K.: Ashgate.
- Greene, M. (1995). *Releasing the imagination: Essays on education, the arts, and social change*. San Francisco: Jossey-Bass.
- Grosz, E. (2004). *The nick of time: Politics, evolution and the untimely*. Durham, NC:Duke University Press.
- Ho, L.C. (2009). Global multicultural citizenship education: A Singapore experience. *The Social Studies,* 285-293.
- Ho, S.K. (2012). *Reflection of an arts practitioner.* An essay submitted for NIEI (National Institute of Education International) Specialist Diploma in Arts Education.
- Kielian-Gilbert, M. (2010). Music and the difference in becoming. In B. Hulse & N. Nesbitt (Eds.), *Sounding the virtual: Gilles Deleuze and the theory and philosophy of music* (pp. 199-225). Surrey: Ashgate
- Koh, T.A. (1989). Culture and the Arts. In K. S. Sandhu & P. Wheatley (Eds.), The management of success (pp. 710-748). Singapore: Institute of Southeast Asian Studies.
- Kuo, P.K. (2002). *The complete works of Kuo Pao Kun. Volume 7: Papers and speeches*. Singapore: Global Publishing.

- Lull, J. (2000). *Media, communication, culture: A global approach.* Cambridge: Polity Press.
- Lum, C. H. (2008). Home musical environment of children in Singapore: On globalization, technology and media. *Journal of Research in Music Education, 56 (2),* 101-117.
- Lum, C.H., & Marsh, K. (2012). Multiple worlds of childhood: Culture and the classroom. In G. Welch, & G. McPherson (Eds.), *The Oxford handbook of music education* (pp. 381-398). New York: Oxford University Press.
- Ministry of Education (1977). *Draft music syllabus for secondary school.* Singapore:MOE.
- Ministry of Education (1980). *Music teaching in schools.* Singapore: MOE
- Ministry of Education (1993). *Music syllabus (secondary schools).* Singapore: MOE.
- Ministry of Education (2008). *2008 syllabus: General music programme (Primary/Secondary).* Singapore: Curriculum Planning & Development Division.
- Spivak, G.C. (2010). *Nationalism and the imagination.* New York: Seagull Books.
- Tomlinson, J. (1999). *Globalization and culture.* Chicago: University of Chicago Press.
- Turino, T. (2008). *Music as social life: The politics of participation.* Chicago: The University of Chicago Press.
- Wong, A. (forthcoming). Commentary on The Singapore arts landscape: Influences, tensions, confluences and possibilities for the learning context. In Lum, C.H. (Ed.), Contextualized practices in arts education: An international dialogue on Singapore. Dordrecht: Springer.
- Xinyao (2013). *What is Xinyao?* Retrieved 23rd August, 2013 from http://xinyaoorganisationsingapore.blogspot.sg/p/introduction-to-xinyao.html.

# 第12章 台湾と中国本土の学校音楽教育における大衆歌曲の活用に関する比較研究

何慧中

### 要　旨

　この章は，市民教育および双方の中国国家にとっての国民アイデンティティーと社会的調和の問題へと教育が向かっている，台湾と中国本土の学校教育において，どのように大衆歌曲が学ばれているかに関する比較研究である。本稿では，政府の文献，抽出された音楽教科書，その他の関連する典拠を分析することによって，大衆歌曲の伝達は，本質的にこれら二つの中国の歴史的社会的文脈における特定の必要性に応じたものであり，その中で音楽カリキュラムは「市民」概念の漸進的な回復の一部として確実に位置づけられている，ということを論じる。歌の歌詞に表れているように，台湾と中国本土は，新しいグローバル時代の学校音楽教育の中心的目的として，生徒たちが共生のために学ぶよう教育すべく，国民アイデンティティーの観念と本質的に儒教の道徳的価値の推進を試みている。

## はじめに

　社会変化と音楽教育に関する多くの先行研究（たとえば Henley, Caulfield, Wilson & Wilkinson, 2012; Ho, 2011）では，社会変化は，異なる文化的文脈において，教育的変化を引き起こすものであり，また，教育的変化に反映されるものであると論じてきた。今日の若者に対する大衆文化の影響は，社会の変化と学校教育に対するプレッシャーへの反応として，さらに長い間にわたって，真剣な議論と大衆の関心の対象となってきた。大衆音楽の研究を若者の教育に統合することによって，我々は，彼らにとって馴染みのある世界に関連のある知識を彼らが学ぶための手段を，より上手に提供することができる（Fain, 2004; Green, 2002）。カルチュラル・スタディーズにおける大衆音楽

の主たるテーマを論じた Driscoll (2010) の研究があり，Leck (2006) による，個人の性格の理論の要素を含んだ，生徒たちによる自分たちの大衆歌曲分析の研究があり，中等教育機関の生徒たちの歴史教育を進めるためのブルースの活用に関する Harris (2004) の研究がある。

　本稿では，台湾と中国本土の中国人社会に着目して，学校がカリキュラムにおける音楽文化の変化の導入をどのようにとらえているか，そして学校カリキュラムに大衆歌曲がどのように導入されているかを，それらの社会・政治的文脈との関連の中で論じ，比較していく。抽出された音楽教科書以外に，典拠として，教育及び文化政策とカリキュラムに関する政府文書や，その他の関連研究を用いる。本稿における大衆歌曲とは，基本的な形式で書かれており，これら二つの地域における様々な歴史的時期において見出すことのできる旋律をもったものであるとし，生徒たち自身が好む大衆歌曲に限定されるものではない。これらの大衆歌曲は，音楽市場において経済的な価値は持たないかもしれないが，二つの中国政府によって，国民イデオロギーと愛国心を推進するために広められたものである。生徒たちもまた，日常生活の中でこれらの歌をよく知っている。私は，抽出された大衆歌曲についての教育は，国民意識の形成のための基盤提供を意図したものである一方で，他方では，それは人々を一つにまとめ，歌詞に表現されているような儒教的教育哲学もしくは中国の伝統的価値によって，社会の調和を達成しようとするものであることを論じていく。

# 1．台湾と中国本土の教育の社会的変化

　台湾（中華民国とも呼ばれる）は，1968年の学年度から義務教育を6年から9年（1年生から9年生）に延長し，中国（中華人民共和国と呼ばれる）では，1986年に普通無償教育の重要性を宣言するために，9年間の義務教育法が制定された。音楽教育は，中国では芸術教育の一部として，台湾では芸術と人文教育の一要素として，それぞれ9年間の基礎教育のための学校カリキュラムに取り入れられた。

　1949年の中華人民共和国の建国以来，マルクス－レーニン主義と毛沢東思

### 第12章 台湾と中国本土の学校音楽教育における大衆歌曲の活用に関する比較研究

想に導かれて，教育は，道徳的行動の規律と母国への愛という国民の美徳を含んだ，高い道徳的理想を推進するための手段として，中国的特徴をもった社会主義の理論に基づいて構築されてきた。1978年12月に，鄧小平（1904-1997）は，かつては主として共産主義国に限られていた中華人民共和国の外国との関係を，資本主義諸国にも広げるために，新たな「開放」政策を発表した。結果として，中国は西洋文化とロック，ポップスそしてレゲエを含んだ西洋音楽に再び接触することとなった。例えば，Farrer（2000）が述べているように，上海およびその他の中国の大都市は，西洋のディスコ・ダンスと音楽の流行に席捲され，それらはディスコテックやダンスクラブにおけるナイト・ライフの重要な一部となった。

中国を世界に向けて開放する政策は，台湾，日本，韓国など，他のアジア社会からの大衆音楽が，中国の若者の間に普及することを，可能ならしめた（Law & Ho, Forthcoming）。1990年代以降，中国本土の近代化とグローバル化は，その市場経済への移行とともに，学校カリキュラムにとっての新たな使命と挑戦を生み出してきた（Law & Ho, 2009）。生徒たちは，大衆音楽や世界の音楽を含んだ多様な音楽文化の学習を通して，より幅広い美的意識を発達させ，他の国の音楽文化がいかにたくさんあり，豊かであるかを知るように奨励されている（Fang, 2012; 中華人民共和国教育部, 2011）。グローバル化による英語の普及にともなって，その中国の文化的教育的発展への強い影響ゆえに，英語学習がより価値のある技能となった（Chang, 2006; Chen, 2011）。英語の歌を用いることは，中国では英語学習を推進するための楽しくて効果的な方法であると見なされており，特に教室外での英語クラブで行われる活動においては，そうである（Chen, 2011; Shen, 2009）。

同様に，台湾の学校教育も文化のグローバル化と国民アイデンティティー探求の挑戦に直面している。台湾の国民アイデンティティーと音楽文化は，植民地化の様々な段階，つまり，スペインとオランダによる占領，中国からの移民，日本による植民地化，そして国民党の支配による苦難を経験してきた。国民党と毛沢東（1893-1976）に率いられた共産党の間の20年に及ぶ内戦の後，1949年に蔣介石（1887-1975）が敗れ，台湾に押し込められることとな

## 1．台湾と中国本土の教育の社会的変化

った。台湾は，第二次世界大戦後に中国に返還されたにもかかわらず，日本の台湾への影響は，まだ台湾の人々の日常生活の中に定着していた。1954年，在台湾米国放送（AFNT）[3]ラジオ局が，英語のみで放送を流すために設置された。当時，アメリカのレコードの輸入が増加したため，台湾の生徒は簡単に英語の歌のレコードを買うことができた（Hsin, 2012）。1987年の戒厳令解除の後，台湾のアイデンティティーの問題は，[4]中国文化から台湾文化へ，さらにはグローバル文化へと焦点を転じた（行政院文化建設委員会, 2004; Wang, 2000参照）。台湾の生徒たちは，英語，北京語，そして客家，南福建あるいは原住民の言語[5]などの台湾の言語の，三言語話者となることが期待されている。英語の大衆歌曲を用いることは，小学校の児童の英語学習への動機を高め，長期にわたる学習を維持すると考えられている（Chen & Chen, 2009）。多くの台湾の童謡は，今では英語の童謡がもととなっている。グローバル化とローカル化に対応する中で，生徒たちは，様々な文化について学び，尊重することや，台湾ローカル，あるいは世界の歴史と文化を知り，大切にすることを求められている（教育部, 台湾, 2008, 2009）。

　学校カリキュラムの中で多様な音楽文化が推進されているにもかかわらず，台湾と中国本土の生徒たちは，学校では最も好ましい大衆音楽を学ばなくてはならない。Ho & Law（2006）によれば，台湾及び本土の中等教育学校の生徒が考えるところでは，学校音楽で最も好まれる活動は大衆音楽の学習である。伝統的西洋器楽音楽，伝統的中国器楽音楽，伝統的中国歌劇，台湾歌劇，西洋民族音楽，北京語大衆歌曲，西洋大衆歌曲，そしてその他の世界の音楽等々を含んだ，多様な音楽スタイルのうち，台湾の生徒に最も好まれる三つのタイプが，台湾大衆音楽，西洋および日本大衆音楽である一方，本土の生徒たちは香港大衆音楽，西洋大衆音楽，および日本大衆音楽を好む（Ho & Law, 2006）。文化の研究は，人文科学や社会科学の様々な学術分野では，決して新しいものではないにもかかわらず，中国人社会の音楽教育と大衆歌曲を関連付けることは，まだ稀である。台湾と本土の音楽教育制度が，

　①二つの中国人社会では，政治的文脈が，どの程度，大衆音楽教育を通したナショナリズムの伝達に影響を与えてきたのだろうか。②儒教教育はどの

ように大衆音楽教育における市民性学習に統合されているのだろうか。という二つの軸に沿って，どのように，それらの文化の国民アイデンティティー教育とその他の価値教育への欲求を伝えているかを考えることは，言うまでもなく，とても重要なことである。

## 2．大衆音楽教育を通したナショナリズムの伝達

　本稿における「国民性」の定義は，中国本土もしくは台湾への帰属意識に限定する。それらの対照的なナショナリズムとアイデンティティーの言説を精査することによって，我々は，台湾と中国の学校カリキュラムに大衆歌曲を含むことの意味を比較することができる。歴史的発展の様々な段階における一連の大衆歌曲は，ナショナリズムの重要な一面と考えられ，学校教育に導入されている。

　中華人民共和国と中華民国の国歌を歌うことは，いかにそれぞれの学校音楽教育の中に，ナショナリズムがいろいろな度合で登場するかを示す指標である。民族的あるいは愛国的教育手段によって，本土の生徒は，公に表現された音楽的意味の体験と，「国歌や他の政治的および愛国的歌曲の歌唱を通して，規定された政治的価値を祝福する」ことを，教え込まれている（Ho & Law, 2004, p. 162）。聶耳によって，1934年に「風雲児女」（嵐の子どもたち）という，日中戦争で戦うために去った知識人を描いた愛国映画のために作曲された，中華人民共和国の国歌（「義勇軍行進曲」）を歌うことは，今でも学校カリキュラムの中で奨励されている。音楽教科書に掲載されている民族的あるいは愛国的歌曲は，1979年に作曲され，人気映画「海外赤子」（忠誠な華僑家族）で用いられた「我愛你中国」（中国，私はあなたを愛している）という主題歌のように，人気中国映画やテレビドラマから取られている（教育編集委員会，人民音楽出版社，2010, pp. 4-5）。学校音楽教科書には，「只怕不抵抗」（我々は戦いを恐れない）（人民音楽出版社，2005, p. 46）や，「救國軍歌」（救国の歌）（人民音楽出版社，2005, p. 47）などのような，中日戦争時に日本の敵と戦う中国人の精神を啓蒙するために大変人気があった愛国歌曲も，何曲か掲載されている。さらに，台湾人シンガーソングライターの羅大佑によっ

## 2．大衆音楽教育を通したナショナリズムの伝達

て書かれた「東方之珠」（東洋の真珠）が，1997年7月1日に香港の主権が英国から中華人民共和国に返還されたことを称えるために，音楽教科書に用いられている（人民音楽出版社, 2010a, p. 6）。台湾人作曲家陳耀川によって作曲され，香港の人気歌手アンディー・ラウによって歌われたもう一つの人気曲「中国人」が，本土の音楽教科書に掲載されている（上海教育出版社, 2012, p. 4; 張＆刘, 2012a, p. 48）。

　台湾では学校教育を通した，やや異なる音楽の国家化プロセスが起きている。1997年に台湾政府は，「認識台湾」という中等教育機関用の新教科書を導入した。これは，台湾を中国の周辺部と見なしていた中国中心の歴史編纂から，台湾をかつての西洋植民地勢力と日本を含んだ，様々な文化と結びついた海洋国家と見なす歴史編纂への，転換を意味するものであった（Wang, 2005; Amae & Damm, 2011）。共産主義の中国で，あるいは反日運動のために作曲された歌は，学校カリキュラムには含まれていない。台湾政府は，台湾の歌に台湾の地の，そして民族的なアイデンティティーを導入することを通して，「台湾精神」を音楽の学校カリキュラムに築くことによって，「ナショナル・アイデンティティー」の意味を再定義した（Ho, 2012）。中華民国の建国100年を祝うために，行政院新聞局は，台湾の人々の自由と幸せ，観光および台湾によって達成された革新と繁栄を披露するための，台湾の国家の発展を強調した場面を含んだ中華民国の国歌のビデオ・シリーズを，2011年の10月10日から売り出した。観光を推進するためのビデオは，台湾原住民による歌が中心である。台湾音楽とその歴史は，学校カリキュラムの中で「母国」としての台湾が強調されるにつれて，重要な学習領域として登場してきた（教育部，台湾，2008）。愛，思い出，夢，想像とともに織り込まれた母国への忠誠を表現した台湾ローカルの歌が推奨されている。たとえば，「台湾是一個好所在」（台湾は住みやすい所）という歌は，四季折々の「祝福された母国」，「心のふるさと」，そして経済的発展に対する献身を宣言したものである（編集部．翰林出版，2007, p. 161）。「我愛的故郷PUYUMA」（私は故郷のプユマの村を愛する）は，故郷のプユマ族の村について学ぶ哀愁を表現したものである（林・楊・呉・林・湯，2012a, p. 140）。同様に，2010年の上海万博

の台湾パビリオンの主題歌である「台湾的心跳聲」（台湾の鼓動）は，台湾の地元文化のイメージを含んだ，台湾の精神的都市というコンセプトを表している（編集部．康軒文教事業，2012, p. 161）。

## 3．学校音楽教育における伝統的な中国の価値と社会的調和の伝達

　数千年の間，儒教は階層社会の中での個人の道徳的行為の実践を通した社会的調和の達成を強調し，中国文化の倫理的，政治的そして社会的側面を形作ってきた（Huang & Gove, 2012; Park & Chesla, 2007）。儒教では，家族が個人の生活と教育実践も含んだ毎日の実践の中心であることが基本である。儒教の倫理は，疑いなく「調和のとれた社会と平和な国家に導く」調和のとれた家族関係をもたらすものと信じられている（Yao, 2000, p. 33）。核家族は，二つの中国人社会における市民性教育にとっての基盤であり続けている。本土と台湾双方の大衆歌曲は，家族への敬愛とその中の自身の役割の認識，親の世話をする責任を負うことを強調している。

　二つの中国人社会における母の愛（父のではなく）の強調に対応して，学校音楽教育によれば，親孝行の奨励は，生徒の社会的行動を規定する最も重要な倫理的基準の一つである。多くの音楽教科書は，母親，両親そして良い子どもを称えるために現代の台湾の作曲家によって書かれた歌を掲載している（たとえば，編集部．翰林出版，2011, p. 126; 編集部．康軒文教事業，2011, p. 68参照）。「聴媽媽的話」（母の言うことを聞く）は，台湾の大衆音楽家周杰倫によって書かれた，母親の愛についての最も人気のある歌である（編集部．康軒文教事業，2011, p. 18）。同様に，本土の多くの音楽教科書は，子どもたちの母親への強い尊敬の気持ちを表現するために，中国の作曲家たちによって書かれた歌を掲載している（たとえば上海教育出版社，2010, p. 10）。儒教はまた，友情というおなじみの理想もまた，ありふれたものであるどころか，友人関係は相互の信頼と誠実さのうえに成り立っていることに気づかせてくれる。本土の教科書に掲載されている「男孩女孩」（男の子と女の子）（上海教育出版社，2011a, p. 11）や「我的朋友在那里」（私の友だちはどこ）（人民音楽出版

社, 2010b, p. 50) などの歌では，歌詞は他の人への親切や共感を描いている。「Auld Lang Syne」（もとは伝統的なスコットランド民謡だが，1940年にリリースされた「ウォータールー橋」という映画の主題歌として広まった。訳者註：日本では「蛍の光」として知られている曲）は，中国音楽教科書に掲載されている過去の愛と友情についての歌である（たとえば人民音楽出版社，2009, pp. 36-37参照）。ノルウェーの作曲家ロルフ・ルヴランド（Rolf Løvland）によって書かれた英語の歌「You Raise Me Up」（あなたは私を立ち上がらせる）は，愛と敬意についてのもので，ある人がもう一人の人と大変親しいために，彼らがする全てのことが互いを鼓舞し合うということを語るために，台湾の教科書に選ばれている（林・楊・呉・林・湯，2012b, pp. 215-219）。台湾ローカルの，および外国の文献から選んだ大衆歌曲の歌詞は，学校音楽教育の中で平和の構築，社会的および国際的調和を唱えている。台湾の作曲家羅大佑によって書かれた「明天会更好」（明日はもっとよくなるさ）は，生徒たちに世界を希望と愛に満ちたより良い場所にすることを呼びかけるもので，台湾と本土の両方の音楽教科書に掲載されている（林・楊・呉・林・湯，2012a, pp. 231-234;張・刘，2012b, p.59）。「We are the world」（マイケル・ジャクソンとライオネル・リッチーによって書かれ，United Support of Artists for Africa として発表された）は，音楽教科書に載っている，国際的な場で平和を推進する政治的に重要な歌だと認識されている。

本土のカリキュラムには，「譲世界充満愛」（世界を愛でいっぱいにしよう）（1986年の「国際平和年」のために捧げられた世界調和の崇高な理想をもった中国の歌）（上海教育出版社，2011b, pp. 22-23; 人民音楽出版社，2010b, pp. 48 & 51参照），そして他の英語の歌として，1988年オリンピックの主題歌である「Hand in Hand」，1996年アトランタオリンピックの閉会式の歌である「Power of the Dream」が，世界平和と理解の推進のために含まれている（Law & Ho, 2009）。

# 結　論

台湾と中国本土は，共通の歴史文化をもち，それらの住人は主として中国

第12章　台湾と中国本土の学校音楽教育における大衆歌曲の活用に関する比較研究

人であるが，それらの近年の社会・政治的体験は様々である。本稿では，これら二つの社会のカリキュラムで教えられている大衆歌曲が，どのように，国家主義的教育および市民性教育を通して調和を支持する立場を取っているかを考察しようと試みた。台湾と中国本土の事例は，大衆音楽教育と関係して，政治文化が区別されそして定義される，同じような方法と異なる方法を描写している。中華人民共和国の学校カリキュラムは，社会のそして集団の価値を強調し，特に日本の侵略から68年を経たのちも，国家の再建を称えるために学級の中で反日大衆歌曲を選ぶ中で，政治的教化のための役割を果たしている。台湾の学校教育では，母国の美しさと社会と日常生活の中の調和を反映するために，台湾の大衆歌曲を取り入れる試みをしている。しかしながら，大衆歌曲の歌詞に表れているように，家族の価値が二つの中国人社会の背景にあってそれらを動かしているものであり，生徒たちがその中にあって倫理的責任感を発達させていく構造を提供しているものである。何曲かの大衆歌曲の導入を通して，双方の中国の文脈において，平和的共存と異なる文化に対する相互尊重の重要性がいっそう強調されている。大衆音楽教育，国家主義教育，そして市民性教育の追及が，カリキュラム言説の中でどのように作用するのかは，今後の二つの中国地域の発展の中で見ていくものとして残されている。カリキュラムにおける国家そして地球の様々な文化を学ぶことを通して，これら二つの中国地域の生徒たちが，より意味のある教育的，音楽的価値に到達することを可能にする大衆歌曲の言葉の研究と学習を，どのように考案していくかということが，残された課題である。

## 謝　辞

本稿は，2013年６月に山口大学に客員教授として滞在した際に草稿を執筆したものである。山口滞在中に同大学大学院東アジア研究科および教育学部からいただいた温かい支援を，大変有難く感じている。また，香港バプティスト大学には，研究助成金の寛大な支援をいただいたことを，感謝したい。

## 付　記

　この本章は、山口大学大学院東アジア研究科『東アジア研究　12号』に掲載された英語論文 Ho, Wai Chung.（2014）. A comparative study of the use of popular songs in school music education in Taiwan and mainland China. を日本語に翻訳したものである。

## 註

1）中国国民党は、1911年の辛亥革命の後に孫逸仙（1866-1925）によって創設された政党である。
2）中国共産党は、中華人民共和国を築いた政権政党である。1921年7月に上海で創設された。
3）在台湾米国放送は、1979年4月15日にアメリカ軍の台湾撤退とともに終了した。
4）1987年以来、台湾のアイデンティティーは中国本土と共有していた文化と歴史から離れて発展している。この流れに沿って、台湾のアイデンティティーは、台湾の異なる歴史的段階に応じた多元的、多層的集団アイデンティティーとなっている。ローカル化（あるいは「土着化」または「台湾化」）は、中国本土の付属物にすぎないというよりも、唯一独特の場所として台湾を見る視点を支持する、台湾内で用いられる政治的用語である。ローカル化は、脱中国化の手段と見なされる。これには、台湾の歴史、文化、地理を台湾中心の視点から教えることと、台湾福建語（台湾語）、客家語、原住民の言語などの地元の言語を推進することを含む。
5）台湾の原住民（あるいは先住民族）の起源についてはまだ議論が続いているが、彼らはオーストロネシア民族の一派であると信じられている。現在、彼らは人口の2パーセントを占めるに過ぎない。台湾政府は、文化と言語の異なる14の部族を公式に認めている。

## 参考文献

・Amae, Y., & Damm, J.（2011）. "Whither Taiwanization?" State, society and cultural production in the new era. *Journal of Current Chinese Affairs, 40,* 3–17.
・Chang, J. Y.（2006）. Globalization and English in Chinese higher education. *World Englishes, 25*（3/4）, 513–525.
・Chen, Y. C., & Chen, P. C.（2009）. The effect of English popular songs on learning motivation and learning performance. *WHAMPOA – An Interdisciplinary Journal, 56,* 13–28.
・Chen, Y. G.（2011）. Becoming global citizens through bilingualism: English learning in the lives of university students in China. *Educational Research International.* Retrieved June 28, 2013, from: http://www.hindawi.com/journals/edu/2011/805160/
・Discoll, C.（2010）. On popular music: Teaching modernist cultural studies. *Continuum: Journal of Media & Cultural Studies, 24*（4）, 517–532.
・Fain, Jr., T. A.（2004）American popular culture should we integrate it into American education? *Education, 124*（4）, 590–594.

第12章　台湾と中国本土の学校音楽教育における大衆歌曲の活用に関する比較研究

- Farrer, J. (2000). Dancing through the Market Transition: Disco and Dance Hall Sociality in Shanghai. In D. S. Davis (ed.), *The consumer tevolution in urban China* (pp. 226-249). Berkeley: University of California Press.
- Green, L. (2002). *How popular musicians learn: A way ahead for music education*. Aldershot: Ashgate.
- Harris, R. B. (2004). Middle schoolers and the blues. *The Social Studies, 95* (5), 197-200.
- Henley, J., Caulfield, L. S., Wilson, D., & Wilkinson, D. J. (2012). Good vibrations: Positive change through social-making. *Music Education Research,* 14 (4), 499-520.
- Ho, W. C. (2011). *School music education and social change in mainland China, Hong Kong and Taiwan*. Leiden, The Netherlands: Brill.
- Ho, W. C. (2012). National identity in the Taiwanese system of music education. In D. G. Hebert & A. Kertz-Welzel (Eds.), *Patriotism and nationalism in music education* (pp. 59-76). Aldershot: Ashgate Press.
- Ho, W.C., & Law, W.W. (2004). Values, music and education in China. *Music Education Research,* 6 (2), 149-167.
- Ho, W.C., & Law, W.W. (2006). Challenges to globalisation, localisation, and sinophilia in music education: A comparative study of Hong Kong, Shanghai, and Taipei. *British Journal of Music Education, 23* (2), 217-237.
- Hsin, M. F. (2012). *Popular music in Taiwan: Language, social class and national identity*. Unpublished doctoral thesis. Durham: Durham University. Retrieved July 5, 2013, from: Durham E-Theses online: http://etheses.dur.ac.uk/3473/1/THESIS_FINAL.pdf?DDD23+
- Huang, G. H. C., & Gove, M. (2012). Confucianism and Chinese families: Values and practices in education. *International Journal of Humanities & Social Science, 2* (3), 10-14.
- Law, W. W., & Ho, W. C. (2009). A review of values education in China's school music education: from nationalism to globalisation. *Journal of Curriculum Studies, 41* (4), 501-520.
- Law, W. W., & Ho, W. C. (Forthcoming). Popular music and school music education: Chinese students' preferences and dilemmas in Shanghai, China. *International Journal of Music Education*.
- Leck, K. (2006). Teaching personality theories using popular music. *Teaching of Psychology, 33* (1), 34-36.
- Park, M., & Chesla, C. (2007).Revisiting Confucianism as a conceptual framework for Asian family study. *Journal of Family Nursing, 13* (3), 293-311.
- Shen, C. X. (2009). Using English songs: an enjoyable and effective approach to ELT. *English Language Teaching, 2* (1), 88-94.
- Wang, F. C. (2005). Why bother about school textbooks? An analysis of the origin of the disputes over Renshi Taiwan Textbooks in 1997. In J. Makeham & A.C. Hsiau (eds.), *Cultural, ethnic, and political nationalism in contemporary Taiwan: Bentuhua* (pp.55-99). New York: Palgrave Macmillan.

- Wang, H. L. (2000). Rethinking the global and the national reflections on national imaginations on Taiwan. *Theory, Culture & Society, 17* (4), 93–117.
- Yao, X. Z. (2000). *An introduction of Confucianism.* Cambridge: Cambridge University Press.

## 中国語参考文献

- 編集部. 翰林出版. (2007).『藝術與人文（七年級，上冊)』. 台北：翰林出版.
- 編集部. 翰林出版. (2011).『藝術與人文（三年級，下冊)』. 台北：翰林出版.
- 編集部. 康軒文教事業. (2011a).『藝術與人文(五年級，下冊)』. 台北：康軒文教事業.
- 編集部. 康軒文教事業. (2011b).『藝術與人文(四年級，下冊)』. 台北：康軒文教事業.
- 編集部. 康軒文教事業. (2012).『藝術與人文(八年級，上冊)』. 台北：康軒文教事業.
- 方佳丽．（8月2012).「淺淡教育中的流行音楽教育」『音楽教育』, 103-104頁.
- 教育編集委員會, 人民音樂出版社. (2010).『普通高中音樂課程標淮實驗教科書・歌唱』. 北京：人民出版社.
- 教育部, 台湾. (2008).『國民中小学九年一貫課程綱要（藝術與人文学習領領)』. 台北：教育部.
- 教育部, 台湾. (2009).『國民中小学九年一貫課程綱要』. 台北：教育部.
- 林明慧, 楊艾琳, 吳佩蓉, 林芬蘭, 湯詩婷—編 (2012a).『音樂（Ⅱ)』, 台北：三民書局.
- 林明慧, 楊艾琳, 吳佩蓉, 林芬蘭, 湯詩婷—編 (2012b).『音樂（Ⅰ)』, 台北：三民書局.
- 人民音樂出版社. (2005).『音樂（三年級，第六冊)』. 黒龍江：人民音樂出版社.
- 人民音樂出版社. (2009).『音樂（九年級，第十八冊)』. 北京：人民音樂出版社.
- 人民音樂出版社. (2010a).『音樂（七年級，第十三冊)』. 黒龍江：人民音樂出版社.
- 人民音樂出版社. (2010b).『音樂（五年級，第十冊)』. 北京：人民音樂出版社.
- 上海教育出版社. (2010).『音樂（七年級，上冊)』. 上海：上海教育出版社.
- 上海教育出版社. (2011a).『音樂（七年級，下冊)』. 上海：上海教育出版社.
- 上海教育出版社. (2011b).『音樂（八年級，下冊)』. 上海：上海教育出版社.
- 上海教育出版社. (2012).『音樂（九年級，上冊)』. 上海：上海教育出版社.
- 行政院文化建設委員會. (2004).『文化白皮書』. 台北：文建會.
- 張前, 刘清华 (2012a)『音樂（七年級，上冊)』. 湖南：湖南文藝出版社.
- 張前, 刘清华 (2012b)『音樂（七年級，下冊)』. 湖南：湖南文藝出版社.
- 中華人民共和國教育部. (2011).『音樂課程標淮（全日制義務教育)』. 北京：北京師範大学出版社.

# 第13章 音楽科教育と文明受容型国際化；三期の歴史的視座からの検討を中心に

山口大学　高橋雅子

　知識基盤社会化やグローバル化を背景として，平成20年の『中央教育審議会答申』において「音楽科の改善の基本方針」は次のように示されている。

　　国際社会に生きる日本人としての自覚の育成が求められる中，我が国や郷土の伝統音楽に対する理解を基盤として，我が国の音楽文化に愛着をもつとともに他国の音楽文化を尊重する態度等を養う観点から，学校や学年の段階に応じ，我が国や郷土の伝統音楽の指導が一層充実して行われるようにする。

　具体的には，「多様な音や音楽を感じ取り，創意工夫して表現したり味わって鑑賞したりする力の育成や，音楽文化についての理解を深め，豊かな情操を養うこと」を重視するとした上で，5項目の改善の具体的事項が挙げられている。とりわけ，「音楽文化の多様性を理解する力の育成」は，国際化の視点を取り入れた事項であると言えよう。

　我が国の音楽科授業では，「明治以来教材として多くの楽曲を海外の作品に求めてきたという歴史的な背景があり，その意味ですでに，唱歌教育が開始されてた当初から，国際理解・異文化理解は進められていた（p.66）」のである（澤崎，1994）。このような歴史的経緯の一方で，高萩（1995）による「日本では，国際化が叫ばれて久しいが，日本の国際化が文明受容型の国際化であるために，異文化間の相互の理解と尊重，国際的連帯意識という点でなお一そうの努力が望まれている（p.7）」という指摘は，大きな示唆を与えてくれる。

　本稿では，音楽科における明治期以降の文明受容型国際化を大きく三つに分けて捉えた上で，発声用語の変遷を例として具体的に論じていく。なお，第二次国際化は終戦の1945年，第三次国際化は「ユネスコ勧告」及び『中央教育審議会答申』の第一の重点政策「国際社会に生きる日本人の育成」が出された1974年を区切りとする。

# 1. 黎明期（第一次国際化）；西洋音楽を受容した音楽科授業の開始

　日本最初の近代的学校制度である「学制」は，1872（明治5）年，欧米の学校制度をモデルとして定められた。音楽科においては，小学校に「唱歌」，中学校に「奏楽」の科目が導入されたが，「当分之ヲ欠ク」として実際に授業は実施されなかった。音楽科授業を行うための教材である「唱歌」，唱歌教育に関わる教員の養成，教授法の理論等が十分でなかったからである。これらの準備のため，伊澤修二（1851～1917）はアメリカ留学においてL. W. メーソン Luther Whiting Mason（1828～1896）から西洋の音楽科教育の基本を学んだのであるが，彼による次の二つの「見込書」が今日までの日本の音楽科教育に大きな影響を与えることとなった。

## （1）西洋音楽の採用

　伊澤は，帰国前の1878（明治11）年4月，文部大輔田中不二麿に「学校唱歌ニ用フベキ音楽取調ノ事業ニ着手スベキ，在米国目賀田種太郎，伊澤修二ノ見込書」を提出している。この「見込書」について，雨宮（1998）は「西洋の音楽を採用して，直ちに日本の唱歌教育に用いるべき方策について上申したものである。その内容は，音楽が教育上にもたらす情操教育などの直接的効能以外にも，社会に健全な娯楽を与え，社会秩序を整えさせる等，間接的な効能も主張している（p. 40）」と説明している。

　その一方で，我が国の音楽が学校教育に向いていない理由として，伊澤は次のように述べている。

> 例ヘバ我国ノ音楽ニ雅俗ノ別アリ，其ノ雅ト称スルモノ調曲甚高クシテ大方ノ耳ニ遠ク，又其ノ俗謳曲甚卑クシテ其害却テ多シ，畢竟此ノ如クニテハ之レヲ学課トシテ施スベカラズ

　つまり，「我が国には『雅と俗』の音楽があり，雅な曲は高度な旋律が多くて一般にはなじみが薄く，そして俗曲は極めて卑しく，かつ害も多いために学校教育には向いていない（p. 40）」というのである（雨宮，1998）。

　この「見込書」によって，学校教育において，我が国の音楽ではなく西洋

音楽を採用する方向性が固まったのである。高萩（1995）は、これを「伊澤修二を中心とした音楽取調掛などによる国家的な一つの国際化努力（p.17）」と指摘している。

## （2）和洋折衷

伊澤は、帰国後の1878（明治11）年12月、「音楽取調ニ付見込書」を文部卿寺島宗則に提出した。伊澤の考え方で興味深いのは、前述の通り西洋の音楽を導入すると決めてはいるものの、そのまま取り入れるのではなく、「東西二洋の音楽を折衷」するとしたことである。

　　　現今ノ要務トナストキハ実際取調ブベキ事項ハ大綱アルベシ。曰ク、東西
　　　二洋ノ音楽折衷ニ着手スル事。曰ク、将来国楽ヲ興スベキ人物ヲ養成スル
　　　事。曰ク、諸学校ニ音楽ヲ実施シテ適否ヲ試ル事。

この和洋折衷とは、西洋の音楽に日本語の歌詞を付けたり、西洋の音楽理論に乗っ取った方法論で作曲をしたりすることである。

音楽取調掛は、教員養成や国学系統学者による唱歌の歌詞制作、アメリカからメーソンを招聘して、1881（明治14）年の『小学唱歌集　初編』等をはじめとした音楽教材の作成、唱歌教育の教授法の調査に着手したのである。

図13－1の「霞か雲か」は、ドイツ民謡「春の訪れ」Alle Vögel sind schon da に、加部厳夫（1849～1922）が日本語の歌詞をつけたものである。

丸山（2005）は、この「和洋折衷」の方針について、「この方針はその後も五線譜と西洋の音階使用によってしだいに定着し、日本の学校音楽が自国の伝統的な音楽語法からは離れる傾向をもたらしていった（p.17）」と述べ

図13－1　「霞か雲か」（文部省音楽取調1983〔明治16〕年『小学唱歌集』第二編）

ている。

　一方，嶋田（2005）は日本語の歌詞に着目し，「明治期の唱歌教育が，西洋音楽の手法で作曲されながらも，徳目の内容を七五調で書き連ねた歌詞を持つという，特殊な構造の唱歌を享受することによって普及してきた」，「この唱歌の構造は，曲と歌詞が密接な関係を保っている欧米の歌曲とは異なり，歌詞偏重の唱歌観に基づく日本独特のものである」と批判している（p.76）。すなわち，唱歌教育とその普及は，「愛国心の育成を目指す徳目が中心であった（p.76）」と言えるだろう。「徳性の涵養」の手段とされた明治期の唱歌教育，それを批判した詩人らによって推進された大正期の童謡運動を経て，1941（昭和16）年の「国民学校令」施行に伴う「芸能科音楽」において「情操の醇化」による「国民精神の涵養」が大きな役割とされたことは事実である。高萩（1995）が，我が国の昭和10年代について「ある種の鎖国（p.17）」と述べていることは興味深い。

## 2．発展期（第二次国際化）；戦後の新しい教育の確立

　真篠（1986）は，戦後の音楽科教育のあゆみについて，「わが国の音楽教育の現状は，多くの課題を背負っているにもせよ，当時予想もできなかった進展ぶりを示している（p.1）」と述べた上で，「学習指導要領」「実験学校と研究指定校」「文部省著作の刊行物」「各種の研究集会」という四つの中核的役割を挙げている。

　ここでは，戦後の音楽科における国際化の視点と，『学習指導要領』において記載された記述について論じていく。

### （1）音楽科における国際化の視点と『学習指導要領』の作成

　戦後，教育の立て直しの一つの柱として，音楽科もその役割を担うことが期待されていたであろう。昭和26年の『学習指導要領』の記述をもとに，河口（1994）は「学校音楽は……（中略）……『世界ただ一つの普遍語』という国際的な文化の役割を担い，新たな装いのもとに出直すことになった」と

第13章　音楽科教育と文明受容型国際化；三期の歴史的視座からの検討を中心に

した上で,「それは西洋音楽を音楽能力の基礎とする芸術教育としての音楽科の理念を確立し,その上に立って教科内容と方法を革新することであった」と述べている（p. 136）。この主導的立場にあったのは,作曲家の諸井三郎（1903～1977）である。河口（1994）は,諸井の「芸術としての音楽とその教育にあって,この理念をいかに現実化するか」という課題について,次のように総括している。（p. 137）

① 芸術としての音楽とその教育という基本的理念
② そのための基礎能力としてヨーロッパ音楽の音感覚の陶冶
③ そこから伝統音楽の音組織の導入による音感覚の拡充

このようなカリキュラム構成の視点は,「戦後学校音楽の新たな出発にとって歴史的必然（p. 137）」であり,その後,「この理念と方法に基づく学校音楽の方法が徹底して推進され,その科学的根拠を徐々に闡明にしていく（p. 137）」のである（河口,1994）。

一方で,第二次『学習指導要領』の作成に関わった真篠（1986）は,次のように振り返っている。（pp. 1-2）

　　試案の原案を作り,委員会や省内会議にかけてまとまると,一字一句を英文に翻訳,タイプに打ってCIE*に持参し,司政官の検閲を受けるのである。CIEは田村町のNHK本館に陣取っていたが,検閲を受けに行くことを私達はお参りと称していた。仕事そのものは至極厄介なものであったが,一方敗戦のいたでから立ち直ろうとして糧を求めていたわが国の音楽教育界にとって,CIEから与えられた幾多の貴重な示唆や資料が大きなプラスになったことも忘れてはならない。

この後,真篠は第四次『学習指導要領』まで作成を担当し,第五次は協力者の立場で改訂に加わった。戦前の「経験主義的」な音楽科教育から脱却し,「教育活動を事実に即して正しくつかみ,それに基づいて教育の計画や方法を勘案（p. 2）」することを目指していた（真篠,1986）。このような実質的な教育効果に加え,世界的な視野を学校音楽に取り入れる方向性を『学習指導

---

＊ Civil Information and Education Section. GHQの一部局,民間情報教育局。

## （2）発展期の『学習指導要領』にみる音楽科の国際化

　昭和22年・26年の『学習指導要領（試案）』を始め，昭和33年，昭和43年の『学習指導要領』には，表13－1のような国際化関連記述がみられる。前述の通り，真篠が担当した昭和26年の『学習指導要領』においては，「国際理解と音楽」を音楽学習の目標の一つに定めたこと，国際理解の視点から音楽科の教科内容及び学習指導を展開するように求めていることは特筆されよう。

　ところが，昭和33年の『学習指導要領』において，「国際理解と音楽」は簡潔な表現にまとめられ，「国際的な視野の拡大というよりは，むしろ，国内的，民族的な方向への回帰（p.139）」となったのである（河口，1994）。

　昭和44年の『学習指導要領』においては，歌唱共通教材に日本民謡を取り入れたり，鑑賞共通教材に日本の伝統音楽を指定したりした。しかし，「実際に子どもたちの興味を惹きつける授業を行える指導者は少なく，定着するには至らなかった（p.27）」とされる（丸山，2005）。

# 3．充実期（第三次国際化）；ユネスコ勧告を受けて

　1974年，第18回ユネスコ総会において「国際理解，国際協力及び国際平和のために教育並びに人権及び基本的自由についての教育に関する勧告」[*]が採択された。高萩（1995）は，これによって「国際理解をカリキュラムや教科書の問題にして採り上げようという方向づけ（p.7）」ができたと評価した上で，1988年以来のドイツやオーストリアにおける「国際教育と教科書に関する国際専門家会議」の開催，音楽科教育の分野ではシルバー・バーデット社[**]の音楽教科書における「世界の音楽」シリーズを紹介している。ま

---

[*] Recommendation concerning Education for International Understanding, Co-operation and Peace and Education Relating to Human Rights and Fundamental Freedoms

[**] アメリカの教科書会社。同社発行の音楽教科書『MUSIC』は，J. S. ブルーナーの教育論と B. リーマーの音楽教育論が理論的基礎となっており，1990年代のアメリカで採択部数第1位であった。

第13章　音楽科教育と文明受容型国際化；三期の歴史的視座からの検討を中心に

た，ユネスコ傘下である国際音楽教育協会 ISME* が，ユネスコ勧告に応えて1994年に「世界音楽教育振興宣言」を採択したことは特筆されよう。

表13-1　『学習指導要領』における国際化関連記述

| 発行年 | 国際化関連記述 |
|---|---|
| 昭和22年 | ・国民性の相違による各国の音楽の特徴を理解させる。<br>・あらゆる種類の音楽，また各国の音楽の鑑賞を通して人間性への理解を深める。（第七学年から第九学年までの鑑賞教育） |
| 昭和26年 | ・音楽は，国際理解を深める上に効果が多い。なぜかというに，すでに述べたように，音楽は，時代精神や風俗・習慣などをはっきり反映する。しかも，それらは，言語・風俗・習慣を異にする人々にも直接訴えるのである。それゆえ，各国の音楽を学習することによって，言語・風俗・習慣などを異にする諸民族の間に，いっそうよい理解を得ることができる。<br>・音楽学習の当面の目標として，国際理解が掲げられることは，必ずしも常に行われることはないであろう。しかし，中等学校のように，各国のすぐれた音楽文化財を主要教材とする場合には，その学習を高度に進めるために，その音楽の背景となる民族生活や文化の交流などについて，おのずから触れることになる。すなわち，声楽・器楽・鑑賞・創作・音楽史・理論などで，国際理解を推進する上に役だつ事がらが，数多く取り扱われるのである。これがなくては，各国の音楽文化財の真の学習は成立しない。それゆえ，教師は，このことをよく認識して，教育課程の構成や学習指導の実践において，国際理解を常に念頭に置き，国際理解を深めるのに役だつ学習とすることがたいせつである。 |
| 昭和33年 | ・わが国および世界のすぐれた音楽に親しませ，よい音楽を愛好する心情を養い，鑑賞する能力を高める。<br>・わが国および世界の音楽文化に対する正しい理解を得させ，すぐれた音楽を継承し，わが国の音楽文化を向上させようとする基礎的な態度を養う。（目標） |
| 昭和44年 | ・わが国および諸外国のすぐれた音楽に親しませ，よい音楽を愛好する心情を養い，音楽が鑑賞できる能力を高める。<br>・わが国および諸外国の音楽文化を理解させるとともに，よい音楽を生活に生かし，生活を明るく豊かにする態度や習慣を育てる。（目標） |

* International Society for Music Education

### 3．充実期（第三次国際化）；ユネスコ勧告を受けて

## （1）『中央教育審議会答申』にみる国際化

　1974（昭和49）年の『中央教育審議会答申』には，国際理解教育の充実の必要性が高まったことを受けて，次のように記されている。

> 　我が国は，過去一世紀の間，欧米諸国の文明を積極的に取り入れつつ，近代国家形成のために努力してきた……（中略）……しかしながら，このような近代国家の形成の過程を顧みると，我が国は欧米諸国の知識・技術を個別的に吸収することに急であって，諸外国に対する総合的な理解や我が国に対する諸外国の理解を深める努力に欠けるところがあった。

　また，1987（昭和62）年の『臨時教育審議会答申』において，教育改革の基本的考え方は，（1）個性重視の原則（2）生涯学習体系への移行（3）国際化，情報化等変化への対応の三つに集約された。
　この「変化への対応」については，次のように示されている。

> 　今後，我が国が創造的で活力ある社会を築いていくためには，教育は時代や社会の絶えざる変化に積極的かつ柔軟に対応していくことが必要である。なかでも，教育が直面している最も重要な課題は国際化ならびに情報化への対応である。

　このように「国際化」を重要課題と認めた上で，『平成13年度文部科学白書』には，「国際化への対応としては，平成元年の学習指導要領の改訂に当たり，各学校段階を通じて，国際理解教育の充実を図るよう各教科等の内容の改善を行いました」とまとめられている。

## （2）充実期の『学習指導要領』にみる音楽科の国際化

　ここでは，昭和49年の『答申』を受けた昭和52年の『学習指導要領』，昭和62年の『答申』を受けた平成元年の『学習指導要領』を中心にみていきたい。
　「諸外国の民族音楽」から「世界の諸民族の音楽」へと表記が改められたのは，平成10年の『学習指導要領』である。平成元年の『学習指導要領』において，各学年の指導への配慮事項として，「鑑賞教材のうち諸外国の民族音楽については，第1学年においては主としてアジア地域の民族音楽のうちから適切なものを選んで取り上げることとし，第2学年及び第3学年においては広く世界の民族音楽を取り上げるようにすること」と示された。平成

第13章　音楽科教育と文明受容型国際化；三期の歴史的視座からの検討を中心に

表13−2　『学習指導要領』における国際化関連記述

| 発行年 | 国際化関連記述 |
|---|---|
| 昭和52年 | ・我が国及び諸外国の民謡並びに古典から現代の作品までのうち，（平易で）親しみのもてるものであること。また，郷土の民謡を取り上げるようにすること。（表現教材）<br>※（平易で）は第1学年のみ<br>・箏曲（そうきょく），独唱曲，弦楽合奏曲，管弦楽曲，郷土の音楽及び諸外国の民族音楽（鑑賞教材，第1学年）<br>・雅楽，三味線音楽，独奏曲，管弦楽曲，郷土の音楽及び諸外国の民族音楽（鑑賞教材，第2学年）<br>・尺八音楽，協奏曲，管弦楽曲，郷土の音楽及び諸外国の民族音楽（鑑賞教材，第3学年） |
| 平成元年 | ・我が国及び諸外国の民謡並びに古典から現代までの作品のうち，（平易で）親しみのもてるものであること。（表現教材）<br>※（平易で）は第1学年のみ<br>・我が国の音楽及び諸外国の民族音楽における楽器の音色や奏法と歌唱表現の特徴を感じ取ること。（鑑賞，第1学年）<br>・我が国及び諸外国の音楽について，およその時代的，地域的特徴を感じ取ること。（鑑賞，第2・第3学年）<br>・我が国及び諸外国の古典から現代までの作品，郷土の音楽及び諸外国の民族音楽とすること。（鑑賞教材） |
| 平成10年 | ・我が国及び世界の古典から現代までの作品，郷土の民謡など我が国及び世界の民謡のうち，平易で（生徒の意欲を高め……第2・第3学年）親しみのもてるものであること。（表現教材）<br>・我が国の音楽及び世界の諸民族の音楽における楽器の音色や奏法と歌唱表現の特徴から音楽の多様性を感じ取って（理解して……第2・第3学年）聴くこと。（鑑賞）<br>・我が国及び世界の古典から現代までの作品，郷土の伝統音楽及び世界の諸民族の音楽を取り扱う。（鑑賞教材） |

10年の『学習指導要領』において，指導についての配慮事項として「器楽指導については，指導上の必要に応じて弦楽器，管楽器，打楽器，鍵盤楽器，電子楽器及び世界の諸民族の楽器を適宜用いること。また，和楽器については，3学年間を通じて1種類以上の楽器を用いること」と示された。

## （3）文部省編『教育用音楽用語』にみる国際化

『教育用音楽用語』は，1950年に教科書で用いられる音楽用語の表記を統

### 3．充実期（第三次国際化）；ユネスコ勧告を受けて

一するために，当時の文部省から刊行された。

　この追加改訂の年をみることによって，文部省や編纂に加わった識者の音楽に対する「国際化」の認識が明らかになるだろう。

　1994（平成6）年の『教育用音楽用語』において，1950（昭和25）年に刊行された目的は次のように示されている。(p.121)

>　　現在，教育に用いられている音楽用語は不統一をきわめ，音楽の学習に支障をきたすことがはなはだ多い。それで昨年来文部省では，音楽・語学の専門家ならびに教育の実際家を委嘱して，教育用音楽用語制定会議を設け，音楽用語の整理統一に当ってきた。この協議会は，今後引き続き継続され，しだいに音楽用語全般におよぼす予定であるが，さしあたって，小・中・高等学校で，直接必要な楽典に関する用語を整理のうえ，ここに刊行する。

　また，これまでの経緯と役割については，次のように示されている。(p.1)

>　　この『教育用音楽用語』の歴史は，昭和25年に『楽典編』がまず刊行され，次いで昭和27年に『第2編』として，楽器名，作曲家名，演奏家名，演奏団体名などが取り上げられ，昭和40年にそれらを合本とし，昭和53年に「日本音楽編」を加えた『改訂版』が刊行されて今日に至っている。『教育用音楽用語』が果たしてきた役割は，単に用語の表記上の問題にとどまらず，音楽科の学習全体にわたって決して少なくない。

　この役割については，1978（昭和53）年版の「まえがき」において，「当時の音楽用語の混乱期に果たした役割は少なくなく，音楽科の学習，教科書作製等に寄与してきた」とも述べられている。丸山(1994)は，1994（平成6）年版において，学術分野では専門分野ごとに学術用語を制定しているとした上で，「音楽は，明治時代に学校教育に取り入れられて以来，多くの部分を外国の音楽に依存してきた事情があるため，他の教科に比べても，外国語・外来語を使用する機会がとても多い教科（p.121）」と述べ，この重要性を指摘している。1978（昭和53）年版の構成は，「Ⅰ　一般編」「Ⅱ　外国の作曲家編」「Ⅲ　日本音楽編」であったが，1994（平成6）年版の構成は「第1章　一般編」「第2章　日本の音楽編」「第3章　諸外国の音楽編」「第4章　外国の作曲家編」となっている。改訂の主な点として，「（3）諸外国の民族音楽に関

第13章 音楽科教育と文明受容型国際化；三期の歴史的視座からの検討を中心に

する用語を大幅に補充し，章を独立して扱った（p.1）」ことが第3章に反映されているのだが，この改訂年から，諸外国の音楽に関する音楽用語が『答申』や『学習指導要領』における国際化からかなり遅れて整理されたことが明らかである（野崎，1994）。

## 4．発声用語の変遷にみる音楽科教育の国際化

　ここでは，発声用語の受容を黎明期（第一次国際化），昭和26年の「頭声発声」と実音が結びつき，昭和33年の「頭声的発声」に至る過程を発展期（第二次国際化），平成10年の「自然で無理のない声」「曲種に応じた発声」の登場以降を充実期（第三次国際化）として，発声用語の変遷について論じていく。

### （1）黎明期（第一次国際化）；発声用語の受容期

　日本における発声用語とその解釈は，未だ正確に定着していないのが現状である。その一因は，明治期を中心に声区に関する訳語，すなわち頭声・胸声・ファルセットなどの用語が受容されたものの，用語のみで実際の音が入ってこなかったこと，邦楽発声用語である「地声」・「裏声」をその訳語として同義語と位置づけたことによる。筆者は，発声用語を次のように定義している。

　　声区 register とは，一定の声域において同じ質の声が発声される一連の音で，自然の声 natural voice は基本的に低い方から胸声 chest register，中声 middle register，頭声 head register と区分することができる。また特殊な声区として，男声の最も高い声区で自然な声から break した軽い声を発するファルセット falsetto が存在する。特にファルセットは，バロックや古典時代に宗教音楽やオペラで活躍し重要な地位にあった男声アルト male alto あるいは男声ソプラノ male soprano にとっては，発声技法としての伝統があった。

　表13-3は，声区に関する発声用語について，筆者が規定した概念の枠組みを各文献に適用し，まとめたものである。
　前述の通り，音楽科における第一次国際化に伴い，唱歌教材のみならず音楽理論や教授法理論も西洋音楽に学び，受容した。もちろん，発声用語を含む発声法の理論も例外ではなかったが，実音を伴わない発声法の理論は，机

## 4. 発声用語の変遷にみる音楽科教育の国際化

### 表13-3 声区に関する発生用語

| 書名（出版社） | 著　者 | 発行年 | 胸声 | 中声 | 頭声 | falsetto | 解　釈 |
|---|---|---|---|---|---|---|---|
| 音樂指南（文部省）p.3, p.7 | L. W. メーソン 内田 彌一 訳 | 明治16年（1883年） | 胸音 | 中音 | | | 「高低極度ノ兩音ヲ除キテ中音ヲ用フル」の中音、「兒童ニ害アル其胸音ヲ避クル」の胸音の記述。 |
| 小學唱歌教授法（共益商社楽器店）pp.36～41 | 石原 重雄 | 明治33年（1900年） | | | | | 聲音ノ區域は、高音・中音・次中音・低音に区分。音高による区分で音質等を考慮していないため、声区とはいえない。また「兒童ニ害アル胸音ヲ避ケ」の記述があるが、唐突で声区との関連は不明。 |
| 唱歌教授法通論（十字屋楽器店）pp.70～71 | 山本 正夫 | 明治43年（1910年） | 胸聲 地聲 | | 喉聲 上聲 | 頭聲 裏聲（男聲） | 頭聲は男聲が女聲を模擬するときに発し、唱歌に用いない即ち falsetto と同義。胸聲（地聲）と喉聲（上聲）の二声区説を主張。 |
| 尋常小学唱歌新教授精説（東京寶文館）pp.26～31 | 林 仙二 | 大正5年（1916年） | 地聲 | 上聲 | 裏聲（女子のみ） | | 地聲・上聲・裏聲は、共鳴による区分とされる。児童対象のため、falsetto に関する記述は無い。 |
| 小学校に於ける唱歌教授の理論及實際（目黒書店）pp.80～83 | 山本 壽 | 大正7年（1918年） | 胸聲 地聲 | 中聲 上聲 | 頭聲・裏聲・假聲（女子のみ） | | 男子は通例頭聲を用いないという認識。胸聲・頭聲は振動を感じる場所による区分。独語・英語の用語の記述あり。 |
| 小学唱歌教授法精義（廣文堂書店）pp.69～71 | 鈴木 敏雄 | 大正12年（第三版）（1923年） | 胸聲 地聲 | 喉聲 上聲 中聲 | 頭聲 裏聲（成人女子・児童） | | 成人男子に裏聲はなく、地聲と上聲のみと主張。弱い裏聲は忌むべきものとされる。声区は呼気の量と圧する場所による区分。 |
| 唱歌の歌ひ方と教へ方 共益商社書店 pp.81～107 | 福井 直秋 | 大正13年（1924年） | 胸聲 | 中聲 | 頭聲（ソプラノ・テノール） | 作り聲 | 声域による区分は、高音（ソプラノ）・中音（アルト）・次中音（テノール）・低音（バス）。その各声部に属する各人の声に、声音器官の差異によって声区が認められる。邦楽の用語をかりて（胸聲を地聲など）称することは止めるよう主張。児童は、中聲が最も多用される。 |
| 革新の途にある唱歌教授法要領（共益商社書店）pp.65～71 | 工藤 富次郎 | 大正14年（1925年） | 胸聲 | 中聲 | 頭聲 | | 声区は、声帯振動の調節に応じて区分される。Register、Chest Voice など、英語による発声用語の記述あり。 |
| 唱歌法の原理 —古代及近代各派の科学的分析に基づく聲音教養の合理的方法—（京文社）pp.36～45 | David. C. Taylor 高橋 均 澤崎 定之共譯 | 昭和4年（1929年） | 胸聲 | 中聲 | 頭聲 | | 翻訳者・澤崎定之は、この後、合唱教本を紹介したり、発声に関する著書を発表している。著者は各聲區の正しい聲帯作用を確立し、異なる聲區を連結することを主張。教師達が「頭聲」「頭聲區」「鼻の共鳴」の言葉を、同じ意味に用いていると非難している。falsetto は、Tosi の説の中で登場するが、著者がどう解釈していたかは不明。 |

第13章　音楽科教育と文明受容型国際化；三期の歴史的視座からの検討を中心に

| 書名（出版社） | 著者 | 発行年 | 胸声 | 中声 | 頭声 | falsetto | 解釈 |
|---|---|---|---|---|---|---|---|
| 唱歌科教育問答（厚生閣書店）pp.86〜87 | 青柳善吾 | 昭和5年（1930年） | 胸聲地聲 | 中聲上聲（假聲の一種） | 頭聲　裏聲 | | 頭聲（裏聲）と中聲は假聲の一種とされる。假聲は中聲、頭聲を美しくするために使用。音声生理学上の内容に関しても言及している。 |
| 唱歌教授の實際（文化書房）pp.63〜70 | 山本正夫 | 昭和6年（1931年） | 胸聲地聲 | 喉聲　中聲 | 頭聲 | | 声区は共鳴による区分のため、胸聲と頭聲の中間は喉聲の名称が適当とされる。頭聲は、児童や女子の普通の聲音。 |
| 指導細目　中學年の唱歌教育（人文書房）pp.8〜13 | 山本正夫 | 昭和7年（1932年） | 胸聲 | | 頭聲 | | 中学年の発声法は、頭聲を主体とする。荒い聲や強い聲を出させないよう注意を促している。 |
| 音楽教育の思潮と研究（目黒書店）pp.379〜389 | 草川宣雄 | 昭和8年（1933年） | 胸聲 | 中聲 falsetto 裏聲 假聲 | 頭聲 | | 胸聲・頭聲の二声区を主張。ガルシア等の説であるfalsetto（裏聲・假聲）を直訳するとまぎらわしいためドイツ人が中聲という名称を使用したことを強調。各声区の間に生じる混聲区の存在を主張している。 |
| 唱歌法―正しく美しい唱歌の基礎―（音樂之友社）pp.57〜66 | 澤崎定之 | 昭和9年（1934年） | 胸聲地聲ドラ声 | 中間聲（女聲）假聲（男聲）裏聲ツクリ聲上聲 | 頭聲（女聲） | | 男聲は、胸聲の上に假聲（裏聲・ツクリ聲・上聲）。女聲は胸聲・中聲・頭聲・笛聲区。ガルシアやヘルムホルツ等の説を基に、音声生理学上の内容に関しても言及している。声区は、振動する場所による区分を主張。発声用語と俗語が文中に混在している。 |
| 唱歌力の陶冶―私の基本練習―（東洋図書）pp.296〜299 | 幾尾純 | 昭和10年（1935年） | 胸聲 | 中聲 | 頭聲 | | 声区は、発声器官の位置による区分。それぞれの声区を神経過敏に取り扱い、極めてはっきり区分してきたことを反省し、流れるように移り行くことを提唱。 |
| 聲樂（清教社）p.21 | 湯浅永年 太田黒養二 吉田永靖 | 昭和12年（1937年） | 胸聲 | 中間聲 | 頭聲 | フォルセット（男聲） | 胸聲・頭聲等は聲域という認識を持つ。テナーは疲労を覚えないため高音を出す時フォルセットを混合し、声帯の力を感じないよう努めるべきと主張。 |

上の空論でしかなかったことが予想される。

## （2）発展期（第二次国際化）；発声用語と実音との連結期

　昭和26年に登場した「頭声発声」の用語は，ウィーン少年合唱団の初来日によってようやく実音と結びつき，昭和33年の「頭声的発声」の用語に至ったのである。

### 1）「頭声発声」

　昭和22年の『学習指導要領（試案）』においては，「発声の基本」（姿勢や呼

## 4．発声用語の変遷にみる音楽科教育の国際化

吸法など）と「自然な発声」を重んじるよう書かれている。

　児童の発声は，だいたい<u>頭声発声</u>を主体として指導するのがよい。これはことさらに，のどで声を作ろうとするのでなく，軽く頭上に抜けるような気持の発声であって，特に，地声で高い声を張り上げたり，叫び声で歌ったりすることは，努めて避けさせなければならない。（下線筆者）

『学習指導要領』において「軽く頭上に抜けるような気持の発声」とされた頭声は，この「軽く……」のイメージによって，「弱々しく張りのない物足りないもの」という印象がもたれるようになった。本来,「頭声」とは「声区」の一つであり，高音域の一定の音質の声を意味する。もちろん，これは西洋の発声用語で，Head Voice あるいは Head Register を翻訳したものであるが,「頭声発声」という用語は西洋には存在しない。品川（1955）は，著書において「頭声発声」の用語を使用しており，換声点 Great Break を境に声区を区分した上で，「頭声区の振動様式（声帯の）から得られる声」と説明している。この内容から，声区の頭声と関連させて「頭声発声」の用語が用いられたと思われる。

### 2）「頭声発声」の研究；文部省による南材木町小学校の実験

　昭和26年の『学習指導要領』において「頭声発声」の用語が登場したことから，文部省は仙台市立南材木町小学校を実験校に指定し，昭和27年度から29年度の3年間，児童発声の実験的研究を行うこととした。真篠（1986）は，「頭声とは，どのような声であろうか，それが問題であった。しかし，それが正確に説明された文献もなく，その実態というもの（生きた声として）も，指定を受けた当初においては，われわれの耳に聞くことはできなかった（p.375）」という当時の南材木小学校の実態を紹介している。そこで，実験的研究の目標は，「文部省の指導要領の中に示されている『頭声発声』とはどんな声か，そして，その指導はどのようにしたらよいかの二点について，児童の実態から帰納的に探ろう（p.375）」とされ，児童の発声を調査し，その実態から声を8種類に分類した上で，頭声発声がどのような声か定義している（真篠，1986）。

　研究成果の一つとして，児童発声の指導段階要素別一覧（表13－4）を示

第13章　音楽科教育と文明受容型国際化；三期の歴史的視座からの検討を中心に

表13－4　児童発声の指導段階要素別一覧表

| 区分 | 番号 | 項目 | 1 | 2 | 3 | 4 | 5 | 6 |
|---|---|---|---|---|---|---|---|---|
| 主として呼吸 | ① | よい姿勢で歌える | ── | ── | ─ ─ | ─ ─ | ─ ─ | ─ ─ |
| | ④ | 歌い出すとき肩を上げないで息を吸うことができる | ── | ── | ─ ─ | ─ ─ | ─ ─ | ─ ─ |
| | ⑥ | ブレスまで息を続けて歌える | ── | | | | | |
| | ⑩ | 呼気を静かに長く吐くことができる | | | ── | ─ ─ | | |
| | ⑭ | 呼気のとき音をさせないで早く吸うことができる | | | ── | ── | ─ ─ | ─ ─ |
| | ⑮ | 呼気をささえて歌うことができる | | | ── | ─ ─ | | |
| | ⑲ | ささえのある呼吸法で歌える（スタカートもレガートも） | | | | | ── | ── |
| 主として共鳴 | ② | ことばがはっきり歌える | ── | ── | ─ ─ | | | |
| | ⑦ | 口を正しくあけて歌う | ─ ─ | ── | | | | |
| | ⑨ | のどに力を入れないで歌える | | | ── | ─ ─ | | |
| | ⑬ | のどをよく開いて響きのある発声で歌える | | | | ── | ── | |
| | ⑯ | 共鳴のある明るい豊かな発声ができる | | | | | ─ ─ | ── |
| 主として歌声 | ③ | どならないで歌える | ── | | | | | |
| | ⑤ | 歌声に慣れさせる | ── | | | | | |
| | ⑧ | 高音域の発声に慣れる | | ── | | | | |
| | ⑪ | 高音域の発声は美しく歌える | | | ── | | | |
| | ⑫ | 高音域の澄んだ響きで低音も歌える | | | ── | ── | | |
| | ⑰ | 全音域が同じ音色で歌える | | | | | ── | ─ ─ |
| | ⑱ | 曲想をじゅうぶんに表現して歌える | | | | | | ─ ─ |
| | ⑳ | 発声についての知的理解をもつ | | | | | | ─ ─ |

真篠将（1986）『音楽教育四十年史』東洋館出版社 p. 379より抜粋

す。要素を呼吸，共鳴，歌声に大別した上で，発達段階に応じて指導の項目を示している。

### 3) ウィーン少年合唱団の来日と「頭声発声」への疑問

　ウィーン少年合唱団は，1498年に創立され，世界の数ある少年（少女）合唱団の中でも抜群の人気と実力を誇る。巨匠・トスカニーニが彼らのコーラスを評して「天使の歌声」と命名したことでも有名である。10歳から14歳の約100名のメンバーは全員アウガルテン宮殿で生活し，ハイドン，モーツァルト，シューベルト，ブルックナーという合唱団にゆかりのある作曲家の名がついた4つのグループに分かれ，ウィーン国立歌劇場でのオペラや，ウィーン・フィルともしばしば共演するなど，活動を行っている*。

　1955年，ウィーン少年合唱団が初来日したことによって，学校教育や合唱団において当時盛んに行われていた「頭声発声」に疑問が抱かれるようになった。つまり，「頭声発声」という用語は使われていたものの，実際には「弱声発声」が極端に取り入れられたことへの反省である。

　「コロムビアゆりかご会」のHPによると，「ウィーン少年合唱団の来日以来，国内の合唱団の多くが頭声発声に切り替え，常任指揮者を持つようになる等の影響を受けた」とされ，その衝撃の大きさを物語っている。また，八木（2008）は，「ウィーン少年合唱団ショック」と名付けた上で，「その澄み切った歌声に多くの日本人はショックを受け」，「以来，日本の音楽教育では，ウィーン少年合唱団のような子どもたちの理想的な声の代名詞として『頭声』や『頭声的発声』に注目が集まるようになりました」と述べている（p. 15）。つまり，ウィーン少年合唱団の来日によって，「頭声」「頭声発声」いう用語と実音がようやく結びついたと言えるだろう。

　では，「訓練はマイスターを生む」とされるウィーン少年合唱団においては，実際にどのような発声法が行われているのであろうか。

　芸術監督のゲラルト・ヴィルト Gerald Wirth（2013）は，ウィーン少年合唱団の響きを作り，それを受け継いでいく上で，「三つの大切なこと」を挙

---

＊公式HPの内容をまとめたものである。

げている。(p.30)

① その子どもが本来持っている音色や響きの特性を生かすための個人指導をしていること。
② 体に良く共鳴した響きを創り上げること。
③ 響きに対するイメージを持たせること。

また，ヴィルト（2013）は，頭声共鳴の獲得の重要性について，次のように述べている。(p.31)

　頭声共鳴は我々の響きの根本をなす重要な要素です。ウィーン少年合唱団は他の合唱団とくらべて広い音域を持ち，部分的にはソプラノが非常に高かったり，アルトが非常に低く歌ったりしますが，私たちは胸声に頭声発声をブレンドさせた響きを追求しています。今日では日本でもそうだと思いますが，ヨーロッパでもこの方法は重要視されています。ヨーロッパでは小学生の多くは低い音域（胸声）で歌わせますが，子供には高い音域を響かせる頭声共鳴があることが分かっているので，ウィーン少年合唱団ではさまざまなトレーニング，特に筋肉を引っ張る練習をして，低い音域（胸声共鳴）に頭声共鳴をミックスさせるように導いていきます。

翻訳のため，正確ではないと思われる用語もあるが，どの声域であっても頭声の響きを重視して歌っているという主旨に間違いはないだろう。

### 4）「頭声的発声」

昭和33年の『学習指導要領』には，後に様々な解釈を生むことになった「頭声的発声」の用語が登場した。

昭和35年の『小学校指導書』において，「頭声的発声」は，「高音の発声の要領を活用し，中音域，低音域（胸声区）の美しい発声を指導する。頭声が完成するまで音量が小さく，弱々しいという欠点があるので，共鳴を工夫することによって補う。硬口蓋と軟口蓋の中央部に焦点を作り，鼻腔の共鳴も加えた軟らかな発声」と示されている。同じく昭和35年の『小学音楽指導書』によると，「頭声的発声」とは頭声を主体とした発声であり，「特に頭声と胸声の喚声域の発声は，美しい頭声的発声をつくる基礎」とされている。また，「頭声が完成するまでは，共鳴の工夫が必要」との記述もみられる。この「頭声的発声」は，我が国の音楽科教育においてのみ定着した，特別な

## （3）充実期（第三次国際化）；「自然で無理のない声（歌い方）」及び「曲種に応じた発声」の登場

平成元年の『学習指導要領』「指導計画の作成と各学年における内容の取り扱い」において，発声指導について次のように記されている。

> 発声の指導については，頭声的発声を中心とするが，楽曲によっては，曲想に応じた発声の仕方を工夫するようにすること。

この内容から，平成元年の『学習指導要領』改訂を検討する過程で，教材の多様化や国際化を踏まえ，すでに「頭声的発声」ではすべての歌唱教材に対応することは難しいという課題が見え始めていたと言えるだろう。

実際には，平成10年の『学習指導要領』において，それまで約40年に渡って使用されてきた「頭声的発声」から「自然で無理のない声」「曲種に応じた発声」へと表記が改められた。戦後の歌唱教材をみると，昭和20年代～40年代は社会的に合唱活動が盛んだった影響もあり，邦人作曲家による合唱曲，芸術歌曲やロシア民謡・イタリア民謡など，ひびきの豊かな声が必要とされる教材が多かったことから，「頭声発声」「頭声的発声」でも違和感は少なかっただろう。しかし，国際化に対応して教材が多様化した今日，「頭声的発声」は，「合唱曲などの西洋音楽の技法によってつくられた楽曲を歌う際には，従来行われてきている頭声的な発声と差異はない」と『学習指導要領解説』に示されているように，「曲種に応じた発声」の一つと結論付けたい。

## 5．今後の課題

河口（2005）は，今日の音楽科教育について次のように現状把握し，警鐘を鳴らしている。(p. iii)

> 日本の音楽教育は今日かつてないほどに多様化し，一見文化現象として多面的な変化と豊かな展開をみせているように思われる。だがその内実に立ち入ってみると，子ども・青年と国民大衆の音楽に対する主体的な力量の形成が十分に保障されているとは到底いえないのが実情ではないだろうか。

この理由について，河口（2005）は「さまざまな音楽のジャンルとスタイ

第13章　音楽科教育と文明受容型国際化；三期の歴史的視座からの検討を中心に

ルを直観し，識別，分析，判断して評価する，といった力量がその基礎から着実に育成され，形成されていくような教育と環境の客観的な条件はいまだに整備されているとはいい難い（p. ⅲ）」と述べている。

これまで論じてきたように，音楽科における国際化は西洋音楽を学校教育に導入した「文明受容型」ではあったが，それに留まらず，それをもとに独自の型を創りだしてきたと言えるのではないだろうか。すなわち，「受容したもの」を新たな型に創造・発展させてきたのである。今後は，「教育と環境の客観的な条件の整備」という我が国の音楽科における国際化の在り方を見直しながら，これまでの「文明受容型」から諸外国に向けての「発信型」の国際化へと変容していく必要があるだろう。

## 【引用参考文献】

- 雨宮久美（1998）「明治期の倫理的唱歌の成立―忘れられた教育勅語唱歌―」『明治聖徳記念学会紀要（23）』.
- 河口道朗（1994）「戦後音楽科の国際理解の視点」『国際理解教育と教育実践―音楽における国際理解教育―』エムティ出版.
- 河口道朗（2005）「まえがき」『音楽教育史論叢　第Ⅱ巻 音楽と近代教育』開成出版.
- 澤崎眞彦（1994）「２　授業の過程（１）小学校」『国際理解教育と教育実践―音楽における国際理解教育―』エムティ出版.
- 品川三郎（1955）『児童発声』音楽之友社.
- 四野見和敏（2013）「ウィーン少年合唱団インタビュー」『HANNAショパン別冊 No. 2』ハンナ.
- 嶋田由美（2005）「唱歌教育の普及過程」『音楽教育史論叢　第Ⅱ巻 音楽と近代教育』開成出版.
- 高萩保治（1995）『音楽教育の国際化―比較研究からのアプローチ―』音楽之友社.
- 野崎弘（1994）「まえがき」『教育用音楽用語』文部省.
- 丸山忠璋（1994）「歴史と今回の改訂の特色」『教育用音楽用語』文部省.
- 丸山忠璋（2005）「音楽教科書編纂の変遷」『音楽教育史論叢　第Ⅲ巻 音楽教育の内容と方法（上）』開成出版.
- 八木正一（2008）『改訂新版 だれでもできる声づくり・合唱づくり』学事出版.
- 文部科学省（2002）『平成13年度文部科学白書』.
- 文部省音楽取調掛（1883）「霞か雲か」『小学唱歌集　第二編』.

# 第14章 日本伝統音楽の魅力を探る；歌舞伎「勧進帳」の鑑賞

阿川祥子

## はじめに

　本稿で示す授業は，中学校で行われる題材「日本伝統音楽の魅力を探る～歌舞伎『勧進帳』の鑑賞～」である。
　以下，授業までの経緯及び授業の流れを記述する。

## 1．授業までの経緯

　筆者は，これまでに「音楽に対する自分なりの感じ方や解釈を大切にしながら，その音楽の特徴や味わいを見出し，その音楽を聴いたり，表現しようとしたりする生徒」を育てたいと願い，授業を構想してきた。様々な楽曲を比較聴取して互いに意見を出し合い，批評し合うことで，自分たちだけでは気が付かなかった，新たな音やリズムの組み合わせなどを見出し，どのように曲を表現したり聞き取ったりしたらよいか考えていく場面を授業で設定している。課題として浮き彫りになったのは，授業の導入から前半にかけて意見の広がりを生み出すことはできたが，表出された意見を深めたり再構築させたりするまでにはいたらなかった点である。つまり，生徒の意見を上手く取り上げて，より深い音楽の捉え方へと導くことができなかったのである。生徒が自分なりにとらえた音楽の感じ方や解釈を生かしながら，より美しく豊かな表現に結び付けることは，容易ではないと痛感している。

## 2．音楽の授業を通してめざす生徒の姿

　「音楽に対する自分なりの感じ方や解釈を大切にしながら，その音楽の特徴や味わいを見出して，その音楽を聴いたり，表現しようとしたりする生徒」の姿をふまえ，本授業では，「音楽に対する自分なりの感じ方や解釈によって見出した音楽の特徴や味わいを生かして，その音楽を聴いたり，表現しようとしたりする生徒」の育成をめざす。つまり，生徒が自分なりの曲の

第14章　日本伝統音楽の魅力を探る：歌舞伎「勧進帳」の鑑賞

解釈を言葉で表現したことが，表現や鑑賞と結びつき，より深く音楽を感じたり理解したりするようになることをめざすのである。

　今回は，歌舞伎「勧進帳」における「長唄」が題材である。授業のねらいは，これまでに学んできた音楽のとらえ方（鑑賞する機会の多い西洋音楽の特徴）だけではつかみきれない，「長唄」の表現の特徴を感じ取ったことを生かして，曲の特徴を言葉等で表現させていくことである。活動としては，生徒にとって馴染み深い合唱との比較によって，同じ「うた」でも表現の違いがあることに着目させる。更に，日本伝統音楽特有の「節の回し方や間の取り方など」を具体的にとらえさせるために，図や文字で表現させることを取り入れる。

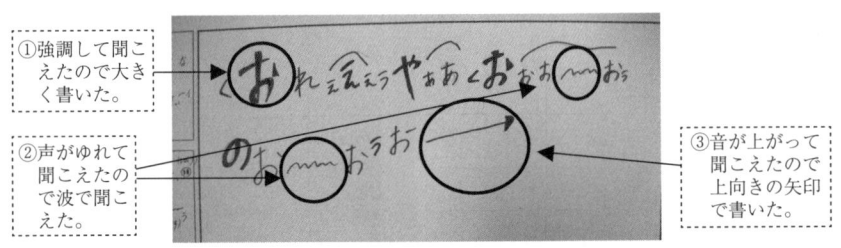

①強調して聞こえたので大きく書いた。
②声がゆれて聞こえたので波で聞こえた。
③音が上がって聞こえたので上向きの矢印で書いた。

図14－1　勧進帳「安宅の関に到着する場面」の長唄の一部を図示したもの
　　　　　（生徒のワークシートの記述より）

　図14－1は，ワークシートに生徒が記述したものである。歌舞伎「勧進帳」における「義経一行が安宅の関に到着する場面」の長唄の演奏を聴いて，どのように感じ取ったのか図示させている。「なぜこのように表したのか」と発問をしたところ，生徒は上図における①～③の内容を語った。この発言で分かることは，①の内容は母音の強調を聴き取っていること，②・③の内容は一つの音が上下に動いている様子を聴き取っていることである。図示させることで，生徒は何度も曲を聴きたがり，この部分だけでも10回以上聴かせることとなった。図示するという活動が，何度も聴く必要性を生み出したと同時に，一度では聴き取れない長唄の特徴を，生徒自身の力で聴き取らせることを可能にしたと考えられる。また，西洋のオペラとは違う「間の

― 190 ―

取り方」や「細かい音の動き」など，長唄の独得の表現方法に着目することで，これまで生徒が学んできた五線譜上で表される音程やリズムでは捉えきれない音楽があることにも気付いている。仲間の意見や資料等を手がかりとしながら，西洋とは異なる音楽の構成要素や伝承方法を理解していったのである。

以下，授業の総案を記す。

# 3．授業の流れ

## 1）題　材
日本伝統音楽の魅力を探る　—歌舞伎「勧進帳」の鑑賞—

## 2）指導の立場
【題材について】　長唄やお囃子と役者が一体となってどのように場面の効果を高めているのかを探る活動を通して，歌舞伎の魅力を感じ取ることをねらいとする。

歌舞伎は江戸時代に出雲の阿国によって創始され，400年以上もの長い歴史をもつ伝統芸能である。長唄（唄＋三味線＋お囃子）と役者の演技・舞などで構成され，歌舞伎の上演はお囃子に始まり，終演後のお囃子まで幕間以外は，ずっと音楽が鳴りっぱなしである。また役者の台詞も音楽ととらえることができ，独特のリズムや間の取り方などが見られる。本題材で取り上げる「勧進帳」は3世並木五瓶作，4世杵屋六三郎作曲によるもので，能の「安宅」を歌舞伎にしたものである。「歌舞伎」も「長唄」が全体をカバーしており，台詞と長唄の響きがおりなす作品である。

【生徒の実態から】　生徒は，これまでに「オペラ」や「ミュージカル」などの鑑賞活動を通して情景や人物の心情を，音楽の構成要素である旋律やリズム，音色や強弱などで表現されていることを学んできた。しかし，これまで鑑賞してきた曲のほとんどが西洋の音楽であり，演奏されている楽器や楽譜，音楽のつくり等が生徒にとって馴染み深く，情景や人物の心情と音楽の構成要素とを結びつけながら聞き取りやすかったものが多い。

今回取り上げる歌舞伎は，西洋音楽にはみられない独特の声の出し方や節

第14章 日本伝統音楽の魅力を探る；歌舞伎「勧進帳」の鑑賞

回し，間の取り方などがあり，大多数の生徒にとって馴染みが薄い題材である。役者の言葉も難解で，三味線やお囃子による情景描写もイメージしにくいと思われる。実際，生徒に「歌舞伎の印象」を聞いてみると，「退屈なイメージ」や「難しそう」という言葉が返っている。

【指導上の留意点】　そこで，指導にあたり「歌舞伎」に対する難解で退屈というイメージを払拭させるために，絵や平易な言葉で書かれている資料を用いて，「命を懸けて上司を守る『弁慶』の生き様」に注目させる。題材の前半は，ストーリーの内容を確認すると同時に，役者の表現にも焦点をあてる。「盆やセリ」や「スッポン」といった舞台装置や役者の表現である「見得」や「六方」を取り上げ，現代の映画や舞台作品の表現効果との共通点や相違点などを考えさせて，歌舞伎への興味・関心を高めていく。題材の後半は，長唄の表現効果を取り上げ，西洋音楽と比較しながら，独特のリズムや間の取り方，節の抑揚などを感じ取らせていく。

### 3）本時（題材の第3時分）の主眼

合唱と長唄（唄）の表現方法を比較したり，歌の音の動きを図示したりする活動を通して，細かい音程やリズムで表現する長唄の特徴を感じ取ることができる。

### 4）本時設定の意図

本時までに生徒は「歌舞伎」を鑑賞しながら，歌舞伎は役者の演技や長唄などが一体となることで表現が深まっていることを感じ取ってきた。しかし，長唄に見られる日本伝統音楽特有の細かい音の動きやリズム等を理解しながら鑑賞するにはいたっていない。

そこで本時では，歌舞伎の表現の奥深さを感じ取らせていくために，長唄（本時は唄の表現のみを取り上げる）の細かい唄い方の表現に焦点をあてて鑑賞させる。授業の導入では，生徒にとって馴染みの深い合唱の歌い方と長唄の唄い方を比較させることで，長唄の表現方法を大まかに捉えさせていく。授業の前半では，唄を五線譜にしたもの（教師が意図的に記譜したもの）を提示して，記譜と表現方法とのズレに違和感をもたせる。さらに大まかに捉えた表現方法を細かくみるために，唄方の発する音の動きを図示させていく。

3．授業の流れ

| 学びを経験する前の生徒の状態 | 学びを通してめざす生徒の状態 |
| --- | --- |
| 長唄（唄）の表現の特徴を，五線譜上で表せる音程やリズムでとらえようとする。 | 五線譜を用いない背景には，西洋と異なる音楽の構成要素（細かい音の動きやリズム）や伝承方法があることを理解する。 |

　授業の後半では，合唱に見られる指揮者がいないことに着目させ，細かい音の動きに合わせるために，「シテ」に合わせていることを舞台の映像で確認していく。さらに，日本伝統音楽の世界にある徒弟制度にふれた資料を提示する。それらを読み解くことで，長唄の表現は五線譜では表現できない細かい動きがあり，口伝による師匠の影響が大きいことを把握させたい。そして唄い方の特徴を感じ取り，日本伝統音楽の魅力を感じ取ることをねらっていく。

## 5）準備物
　歌舞伎「勧進帳」のCD・プロジェクター・スクリーン・ワークシート
徒弟制度に関する資料

## 6）題材の指導計画
　総時数3時間。本実践は，第3時分である。

| 時 | 学習活動・内容 | 主眼 | 既習事項とのつながり |
| --- | --- | --- | --- |
| 第一時 | 〈歌舞伎との出会い〉歌舞伎の表現要素を理解する。 | 歌舞伎の仕組みを探る活動を通して，歌舞伎は音楽（長唄＋お囃子）・舞・役者の演技で構成されていることを理解する。 | |
| 第二時 | 〈勧進帳の世界〉歌舞伎の表現の魅力を探る。 | 歌舞伎「勧進帳」の鑑賞を通して，役者の表現や三味線音楽の豊かさを感じ取ることができる。 | オペラにおける，歌と演技とオーケストラが一体となって生み出す表現効果 |
| 第三時 | 〈長唄の表現の追究〉五線譜では表現できない独特の表現方法を探る。 | 合唱と長唄（唄）の表現方法を比較したり唄の音の動きを図示したりする活動を通して，細かい音程やリズムで表現する長唄の特徴を感じ取ることができる。 | 合唱や合奏を演奏する時のタイミング |

## 第14章　日本伝統音楽の魅力を探る；歌舞伎「勧進帳」の鑑賞

| 学習内容・活動 | 教師の働きかけ |
|---|---|
| 1　「義経一行が安宅の関に到着した場面」の長唄の表現を振り返る。 | ① 「歌舞伎の伴奏音楽は，誰が担当していたか。」<br>② 「『安宅の関に到着する場面』を聴いて，合唱と長唄（唄のみ）のうたい方の違いをあげてみよう。」 |
| 場面のあらすじ：都を追われた義経一行が，安宅（石川県）の関所に到着する場面<br><br>長唄の雰囲気：唄方全員と三味線，お囃子による華やかな演奏<br><br>「唄方」の声や言葉の抑揚，アクセント，母音の使い方，強弱，歴史的背景などの追究 | |
| 2　「唄方」の細かい表現を探る。<br><br>唄の細かい表現（産字や節回し）による表現<br>↓<br>合唱に見られる指揮者がいない<br>↓　　　　　↓<br>「シテ」に合わせる　師匠による口伝<br>↓<br>師匠によって表現が違い，音の動きが複雑だから五線譜で表現することができない | ③ 「この唄の音の動きを図に表してみよう。」<br><br>④ 「細かい音程やリズムがあるにもかかわらず，音を合わせることができるのはなぜか。」<br><br>〈提示する資料〉<br>Ⅰ　「安宅の関に到着する場面」の舞台全体の写真<br>Ⅱ　日本音楽の伝承方法が徒弟制度による口伝であることを示す資料 |
| 3　五線譜には伝えられない細かい音楽的ニュアンスが，「長唄」を含めた日本伝統音楽の表現に込められていることを確認する。 | ⑤ 「長唄を五線譜で表さないのは，なぜか。」 |

3．授業の流れ

| 予想される生徒の反応 | 教師の対応 |
|---|---|
| ① 歌舞伎の伴奏は，長唄（唄方＋三味線＋お囃子）で演奏されることを確認する。<br>② 音楽の構成に着目する。<br>　ア，切れ目がない。<br>　イ，掛け声が入っている。<br>　ウ，歌うというより，語っている感じがする。（お経みたいな感じ）<br>　エ，言葉を長く伸ばすところがある。<br>　オ，リズムが変わっている。<br>　カ，伸ばす音が上下している。<br>　キ，三味線と唄が合っていない。<br>＊唄の特徴を，五線譜上で表せる音程やリズムでとらえようとする。<br>③ 図や文字で表現してみることで，合唱には見られない，拍の長さ（節回しを含む）や音程の違いに気付く。<br>＊合唱曲（現代）には見られない細かい音程やリズムがあることに気付くが，なぜ五線譜で表さないのか説明できない。<br>④ 資料から五線譜で表現しにくい音楽的な要素や歴史的背景があることに気付く。<br>ア，演奏をしている誰かに合わせているのではないか。<br>→Ⅰの資料で，指揮者がおらず，互いの呼吸などで演奏を合わせることに気付く。<br>イ，すごく練習をしているのではないか。<br>→Ⅱの資料で，日本音楽が表現方法を楽譜から読み取ることより，師匠からの口伝による影響が大きいことに気付く。<br>⑤　ア，音の動きが複雑だから表しても意味がない。<br>　　イ，演奏する人によって，表現の違いがあるから，五線譜で表すのは難しい。<br>＊五線譜を用いない背景には，西洋とは異なる音楽の構成要素や伝承方法があることを理解する。 | ・全体の雰囲気だけでなく，細かい音の動きを捉えさせていくために，唄の一部分のみを取り上げ，何度か繰り返して鑑賞させる。<br>・母音が伸びていることに着目した意見が表出されたら，母音が伸びている「産字」や節に抑揚を付ける「節回し」と呼ばれる歌唱法を補足説明する。<br>・「長唄」の表現の特徴を探るための時間を確保し，個人で考えさせた後，全体で意見を表出させる活動を仕組む。<br>・楽譜を見ながら唄を聴かせた後，ピアノで弾いてみせることで，簡易な譜面と複雑な音の動きとのズレに着目させていく。<br>・音の細かい動きや長唄独特の音の伸ばし方を探っていくために，長唄を図示させる。<br>・図示したものを黒板にはり，生徒個々が捉えた音の動きを確認する。<br>・長唄全体の写真を提示して，指揮者がいない事実を確認していく。<br>・意見が出にくいようであったら，合奏や合唱を演奏する時のタイミングの取り方を振り返り，「呼吸を合わせることは，演奏における，どの部分（音のない部分）を合わせることになるのか」という補助発問をする。<br>・「長唄」は，徒弟制度で「シテ」の演奏に合わせて演奏をしていることを補足する。<br>・歌舞伎は，「長唄」と「役者の演技」による相乗効果によって表現が深まることを確認していく。<br>・提示した資料を読み取ることで，長唄は楽譜を見ながら各自で表現方法を追究するのではなく，師匠による口伝の影響が大きいことを感じ取らせていく。<br>・図示した資料を見ながら，曲を通して聴かせ，「長唄」の表現方法と合唱との違いを紹介文にしてまとめさせていく。 |

第14章　日本伝統音楽の魅力を探る：歌舞伎「勧進帳」の鑑賞

# おわりに

　歌舞伎には様々な要素が含まれているが，授業では長唄の「唄方」の表現に焦点を絞り，その表現方法を追究させた。課題を絞り込んだのは，生徒の考えや意見を広げるだけでなく，より深く音楽の特徴を捉えさせるためである。課題を焦点化したことで，授業中の議論は唄方の声の出し方や表現方法に意見が集中した。また何度か鑑賞を繰り返すことで，演奏される音と楽譜とのつながりを理解させることができ，記譜より演奏される長唄の音符が少ないことに違和感をもたせることができた。授業の中盤で取り入れた長唄の動きを図示する活動によって，大まかな音の動きだけでなく，長唄独特の声の出し方やうねりなどを捉えさせることができたのも成果の一つといえる。教材として取り上げる音楽の特徴や魅力を捉えさせていくために，このような取り組みは日本伝統音楽に限らず，アジアさらには世界の音楽を学ぶ上でも活用できるのではないかと考える。反面，課題として浮き彫りになったのは授業の後半である。「細かい音程やリズムがあるにもかかわらず，音を合わせることができるのはなぜか。」という意見を収束させる発問で，生徒に「誰かに合わせているのではないだろうか。」と推測させることはできても，口伝を大切にしてきた歴史的背景を理解させるために，資料や説明が必要となった。新しい事例については，ある程度の説明は必要と考えるが，生徒自身の力で課題解決をさせることとのバランスが難しいと痛感している。活動をスムーズにしながらも，表出された生徒の意見をより価値あるものにしていくためには，教師の発問の技量が問われる。さらに，生徒の経験や知識では限界があり，教師からの支援が必要となるタイミングを見計らって資料を提示することで，より効果的に生徒の知識・理解を深めることができるのではないだろうか。今後も研鑽を積み，授業の質を高めていきたい。最後に，生徒は日本伝統音楽の魅力を探ることができたか否か。授業の終わりに生徒が書いた「歌舞伎の紹介文」を記して，本実践の紹介を終える。

おわりに

### 歌舞伎の紹介文

　歌舞伎は江戸時代に始まったものです。現在は男性だけで演じますが，歌舞伎を始めたのは，「阿国」という女性だったそうです。歌舞伎には，演技の他に踊りや唄などの要素がります。西洋のオペラとよく似ています。ただ唄い方は西洋の歌と全く違います。地声でうたい，一つ一つの音が複雑に動きます。だから，細かい音の動きを楽譜で確認することができません。また，指揮者もいないので，合わせるのが大変だと思います。お師匠さんについて唄い方を教わり舞台に上がっているのです。また舞台では指揮者のかわりに，舞台中央に座っている人の呼吸に合わせて演じています。ぜひ，長唄の唄い方にも注目して歌舞伎を見てください。

## おわりに

　グローバル化が進み，国家の存在意義が小さくなっているといわれる中，近代国家の形成とともに歩み，国民育成を担ってきた学校教育にも新しい状況への対応が求められている。ICTスキルや英語など，学習者がグローバル社会に参加するためのコミュニケーション能力の育成が行われ，普遍的な知識や価値観を身につけさせるためのシティズンシップ教育も近年盛んになっている。しかし，その一方で，このような時代に国家のアイデンティティーを維持するための自国文化の独自性も模索されている。本書では，この3つめの点に焦点を当て，アジアの国々の教育がどのように伝統文化を扱っているかを通して，教育に対するグローバル化からの挑戦を考えることを試みた。

　2012年に開催された山口大学大学院東アジア研究科の国際学術フォーラムでの発表者である，林曼麗（台湾），羅永華（中国），Lum Chee Hoo（シンガポール），金香美（韓国），吉川幸男，阿川祥子，足立直之各氏によって執筆された論文を中心に，2013年に東アジア研究科に客員教授として滞在した何慧中氏（中国），北海道教育大学の佐々木宰氏および山口大学の教員による論文を加え，「教育におけるグローバル化と伝統文化」というテーマに対する，地域的にも分野的にも多方面からの考察を行うことができたと思う。

　それぞれの論文に共通していたのは，伝統文化を過去の一時点の状態が固定されたものとはせずに，過去から未来へと続く変化の中の現時点までの姿であると捉えた点であろう。伝統文化とは国家としての歴史とは別のものである。たとえグローバル化によって国家がなくなろうとも，各地の伝統文化は時代を越え，変化を続けながら引き継がれていく。次の時代における伝統は，まさに今，われわれが創っているものに他ならない。

　　　　　　　　　　　　　　山口大学大学院東アジア研究科　　石井由理

執筆者紹介 （執筆順）

石井由理〔奥付参照〕

羅永華（Wing-Wah LAW）
　香港大学教授。ロンドン大学インスティテュート・オブ・エデュケーションから博士号を取得している。研究分野と著作は，教育と発展，教育政策，華人社会における教育とカリキュラム改革，グローバル化と音楽教育と社会変化，などである。近著に，*Citizenship and Citizenship Education in a Global Age (Global Studies in Education)* がある。

有元光彦（ありもと　みつひこ）
　山口大学教育学部・大学院東アジア研究科教授。博士（学術）。著書に『九州西部方言動詞テ形における形態音韻現象の研究』（ひつじ書房，2007年，単著），『これが九州方言の底力！』（大修館書店，2009年，共著）等，論文に「メタ言語能力養成を目的とした方言教育教材開発の試み」（2009年），「単語販売に関する経済言語学的試論」（2012年），「出雲方言における母音交替現象」（2012年）等がある。

森下徹（もりした　とおる）
　山口大学教育学部社会科教育コースおよび大学院東アジア研究科教授。専門は日本近世史で，とくに都市社会における労働の問題，また地域社会の特性を解明することに関心をもっている。主な著書に『日本近世雇用労働史の研究』などがある。

吉川幸男（よしかわ　ゆきお）
　山口大学教育学部社会科教育教室に所属し，学部および大学院の社会科教育授業を担当しているほか，2009年度までは山口大学教育学部附属光中学校長として，2011年度からは教育学部附属教育実践総合センター長として，教育学部と附属学校園との共同研究などを推進している。教科教育学は「実学」であるという視点から，「実践」→「理論」という帰納的方向で研究を行っている。著書に『「差異の思考」で変わる社会科の授業』がある。

林曼麗（LIN Mun Lee）
　台湾の芸術学者，芸術教育学者。東京大学で教育学博士号を取得している。台北市立美術館館長，国立故宮博物院副院長，および院長を歴任し，現在は国立台北教育大学教授として教鞭をとっている。国立故宮博物院院長時代に行った同博物院の大改革で知られる。芸術および芸術教育の発展のために，台湾国内におけ

る活動ばかりでなく，日本を含む海外での講演等も活発に行っている。日本語での著書に『近代日本図画教育方法史研究―表現の発見とその実践』がある。

## 金香美（KIM Hyang Mi）

広島大学から「韓国の近代化における初等美術教育に関する研究―韓国の美術科教科書とその制度的背景―」の研究で博士号を取得し，現在は淑明女子大学校助教授として，美術教育の授業を担当している。研究分野は韓国美術教育史で，現在，美術科教育課程および教科書の変遷に関する研究を行っている。日本語での著書に『韓国初等美術教育の成立と発展』などがある。

## 福田隆眞〔奥付参照〕

## 佐々木宰（ささき　つかさ）

北海道教育大学釧路校教授。北海道教育大学函館分校卒業後，北海道音威子府高等学校教諭を経て北海道教育大学釧路校に着任し，現在に至る。初等教育における美術教育の教育プログラム，カリキュラム研究をテーマにしている。アジア諸国の美術教育カリキュラム，美術館教育に焦点を当てて調査研究を継続している。『図画工作のエッセンス』（三晃書房2002年）他論文多数。

## 足立直之（あだち　なおゆき）

山口大学教育学部美術教育専修を修了後，山口大学教育学部附属山口中学校教諭，山口県教育委員会指導主事などを経て，現在は山口市教育委員会指導主事として，山口市の学校教育の推進に努めている。教諭時代には雪舟等，山口県内の特色ある伝統文化の教材開発に取り組むなど，中学校における美術教育の実践を行った。

## チーフー・ラム（Chee Hoo LUM）

シンガポール南洋工科大学国立教育院（NIE）視覚舞台芸術群音楽教育助教授として音楽教育と初期音楽教育を担当。ユネスコアジア太平洋地域行動計画のCARE（ユネスコ－NEI教育芸術研究センター）長も務める。研究領域は子どもの音楽文化と音楽アイデンティティの変化，家庭と教育における子どものメディアと技術の使用，子どもの音楽における創造性と即興，初期音楽方法と教育における世界の音楽である。多くの学術誌編集に関わる一方，自身も *Musical Childhoods of Asia and the Pacific* を著わすなど，国内，国外で活発な著作，発表を行っている。近著に氏編集の *Contextualized Practices in Arts Education: An International Dialogue on Singapore* がある。

何慧中（HO Wai Chung）
　香港バプティスト大学音楽学科教授。ロンドン大学インスティテュート・オブ・エデュケーション博士課程修了，博士（音楽教育学）。音楽教育，音楽社会学，カリキュラム研究の分野において，主として中華人民共和国，台湾，香港の音楽文化と音楽教育に関する活発な執筆活動を行っている。主な著書に，*School Music Education and Social Change in Mainland China, Hong Kong and Taiwan.* がある。

高橋雅子（たかはし　まさこ）
　山口大学教育学部教授。東京学芸大学大学院教育学研究科音楽教育専攻（修士課程）修了後，東京芸術大学大学院音楽研究科音楽教育専攻研究生として2年間研鑽を積む。日本合唱指揮者協会事務局員，中学校教諭（音楽），小学校非常勤講師（音楽）を経て現職。

阿川祥子（あがわ　しょうこ）
　岡山大学大学院音楽教育専修を修了。柳井市立柳井西中学校，山口大学教育学部附属光中学校勤務後，2012年から山口市立阿知須中学校教諭として音楽を教えている。

編集責任者紹介

福田隆眞（ふくだ　たかまさ）
　山口大学教授。教育学部，大学院東アジア研究科，東アジア研究科前研究科長，博士（学術）。1976年東京教育大学大学院修士課程美術学専修修了。女子美術大学，筑波大学，北海道教育大学を経て1988年山口大学に赴任現在に至る。専門は美術教育でアジアの美術教育の調査を行っている。『美術科教育の基礎知識』（建帛社）他，著書論文多数。

石井由理（いしい　ゆり）
　山口大学教育学部国際理解教育コースおよび大学院東アジア研究科教授。ロンドン大学インスティテュート・オブ・エデュケーションから博士号を取得している。専門は比較教育学で，特に，初等中等教育の教育課程政策におけるグローバル化の影響や，国際理解教育に関心をもっている。主たる著書に*Development Education in Japan*がある。

---

山口大学大学院東アジア研究科　東アジア研究叢書　2

教育におけるグローバル化と伝統文化

2014年（平成26年）3月25日　初版発行

編著者　国立大学法人
　　　　山口大学大学院
　　　　東アジア研究科

発行者　筑　紫　恒　男

発行所　株式会社　建帛社
　　　　　　　　　KENPAKUSHA

〒112-0011　東京都文京区千石4丁目2番15号
TEL (03) 3944-2611
FAX (03) 3946-4377
http://www.kenpakusha.co.jp/

ISBN 978-4-7679-7049-3　C3037　　　信毎書籍印刷／常川製本
Ⓒ国立大学法人 山口大学，2014.　　　Printed in Japan
（定価はカバーに表示してあります）

---

本書の複製権・翻訳権・上映権・公衆送信権等は株式会社建帛社が保有します。
[JCOPY]〈(社)出版者著作権管理機構 委託出版物〉
本書の無断複写は著作権法上での例外を除き禁じられています。複写される場合は，そのつど事前に，(社)出版者著作権管理機構（TEL 03-3513-6969, FAX 03-3513-6979, e-mail:info@jcopy.or.jp）の許諾を得て下さい。